Oswald Watzke (Hrsg.)

Gedichte in der Grundschule

Anregungen für die Praxis in der 3. und 4. Klasse

mit illustrierten Text- und Arbeitsblättern
als Kopiervorlagen

Herausgegeben von Oswald Watzke
Erarbeitet von Oswald Watzke, Maria Werner und Harald Watzke
Zeichnungen: Peter Seuffert

Hinweis: Leider war es uns nicht möglich, in allen Fällen die Rechteinhaber zu ermitteln. Im Rahmen der üblichen Vereinbarungen werden berechtigte Ansprüche abgegolten. Wir bitten um Verständnis.

Gedruckt auf umweltbewusst gefertigtem, chlorfrei gebleichtem und alterungsbeständigem Papier.

6. Auflage 2025

Kontakt: info@brigg-verlag.de

Layout/Satz: STF-Records Gaby Kaufmann-Nagy
Druck: Rausch Druck GmbH, Aindlinger Str. 14, 86167 Augsburg

ISBN 978-3-95660-**087**-6

www.brigg-verlag.de

Inhaltsverzeichnis

Vorwort

Wer die Geschichte der Literaturdidaktik der vergangenen (etwa) zwanzig Jahre betrachtet, kann in ihr mindestens drei Hypttendenzen feststellen. In Bezug auf die Kinderlyrik sind dies folgende drei Haupttendenzen, die heute bereits als weitgehend anerkannte Prinzipien des Gedichtumgangs eingeschätzt werden:

1. Der weite Literaturbegriff gilt auch für die Kinderlyrik.

Zur Kinderlyrik gehören kindgemäße Beispiele aus Vergangenheit und Gegenwart der Humor-, Gebrauchs-, Natur-, Geschehnis-, Gedanken-, Liebes- und Problemlyrik, der Volkslyrik, auch der konkreten Poesie. Sie alle wurden eigens für Kinder verfasst bzw. für sie ausgewählt, aber auch von Kindern selbst für sich und andere geschrieben.
Lyrik für Kinder und Lyrik von Kindern umfasst also die ganze Breite ihrer Formen – ob gebunden oder ungebunden – und die gesamte Fülle ihrer Themen und Inhalte.

2. „Grundschulkinder brauchen Gedichte".

Gudrun Schulz (^{6}2009, S. 8), die diese Formulierung in Anlehnung an die Buchtitel Bruno Bettelheims „Kinder brauchen Märchen" (1977) und „Kinder brauchen Bücher" (1982) wählt, begründet überzeugend diese ihre Feststellung, die inzwischen als sog. literaturdidaktisches Axiom anerkannt wird, wie folgt.
Gedichte wecken und fördern im Kinde in ganz besonderer Weise „kognitives, volutives und emotionales Lernen", die sich „einander durchdringen und bedingen", soziales, sprachlich-literarisches und „metaphorisches Lernen" (Gudrun Schulz ^{6}2009, vgl. S. 22), kurzum die gesamte Persönlichkeit.
Kinder können „mit Gedichten besser in die Sprache, in die Welt hineinwachsen" (Gudrun Schulz 2008, S. 74) und durch sie „ein besserer Mensch", „ein genussfähigerer, feiner empfindender Mensch" werden (Bert Brecht 1969, S. 36, zitiert von Gudrun Schulz ^{6}2009, S. 9).
Gedichte sind deshalb nützlich und unverzichtbar.

3. Die „Werkstatt-Methode" bestimmt den Gedichtumgang.

Diese „Werkstatt-Methode", die wir als Sammelbezeichnung für alle vielfältigen, abwechslungsreichen, handlungs- und produktionsorientierten „Maßnahmen" wählen und nicht zwangsläufig mit einer „Gedichte-Werkstatt in einem Werkraum" gleichsetzen, lässt sich in sieben Handlungsfeldern des Umgangs mit Gedichten realisieren.
Diese sieben Handlungsfelder, die wir auf S. 111 in einer Übersicht über Umgangsarten näher konkretisieren, seien hier nur benannt:

- Das Reden und das Sichaussprechen über Kindergedichte,
- das lesende und sprecherische Gestalten und Interpretieren,
- das kalligrafische Schreiben und Deuten,
- das bildkünstlerische Gestalten und Deuten,
- das pantomimische und szenische Gestalten und Interpretieren,
- das musikalische Gestalten und Interpretieren,
- das sprachlich-literarische Verfassen von lyrischen Texten (das „Selberdichten").

Unser Doppelband für die 3. und 4. Klasse enthält je zwölf Unterrichtsskizzen, strukturiert nach Hinweisen zum Text, zur Intention und nach Anregungen zur Realisierung und Weiterführung, sowie je acht weitere Gedichte (mit vorausgestellten Unterrichtsideen) als Zusatzangebote, also insgesamt 40 lyrische Texte.
Diese wurden zwar nach dem Motiv „Rund ums Jahr" angeordnet, könnten jedoch in mehreren Einzelfällen auch außerhalb der Jahreszeiten – und auch über die Jahrgangsgrenze hinweg – den Grundschulkindern angeboten werden.
Jeder Text steht auf einem Gedichtblatt, das in der Interpretation als Kopiervorlage 1 bezeichnet und mit der Seitenangabe versehen ist (z. B.: KV 1 / S. 9). Mitgeliefert wird fast immer ein Arbeitsblatt (KV 2 / S. 10; KV 3 / S. 11) im Sinne der Differenzierung für eine produktive Allein-, Partner- oder Gruppenarbeit.
Auf einigen Kopiervorlagen befinden sich eine Trennungslinie und das Symbolbild einer Schere als Hinweise für die Lehrkräfte, die Kopiervorlage mit oder ohne „Arbeitsaufträge", als Ausschnitt oder als Ganzes herzustellen und an die Kinder auszuhändigen. Auf diese Weise könnte von Fall zu Fall entschieden werden, ob die Grundschüler/-innen angeleitet, möglichst selbstständig oder „völlig unprogrammiert und frei" mit Gedichten umgehen sollen.
Die Kopiervorlagen (Gedicht- und Arbeitsblätter) unserer Unterrichtshilfe sollten so ausgewählt und die einzelnen Möglichkeiten der sieben Handlungsfelder sollten nicht einseitig, sondern möglichst vielseitig eingesetzt werden, sodass die Dritt- und Viertklässler keinen Frust, sondern Lust, Spaß und Freude im Umgang mit lyrischen Texten erleben können.
Dies dürfte, so hoffen wir, dann eintreten, wenn die Kinder wechselweise als Hörer/-innen, Leser/-innen, Sprecher/-innen, Zeichner/-innen, Bastler/-innen, Schreiber/-innen, Spieler/-innen, Sänger/-innen, Tänzer/-innen, Filmemacher/-innen oder als Dichter/-innen agieren dürfen.
Möge in diesem Sinne unsere Unterrichtshilfe dienlich sein!

Oswald Watzke

1. Gedichte rund ums Schuljahr für die 3. Klasse

1. Mira Lobe: „Mein Drachen“

1. Zum Text

Mira Lobe[1] lässt in dem Gedicht ein Kind voller Stolz von seinem Drachen erzählen, den es selbst gebaut hat und selbst steigen lässt.
Gleich zu Beginn erfährt der Leser den Namen. Zunächst wird in den Versen 6 bis 9 der Vorname erklärt, in den Versen 13 bis 18 verrät es den Nachnamen. Der Stolz über den Drachen zeigt sich in Vers 12 sowie in den Versen 20 bis 23. Für den Besitzer ist der Drachen kein lebloses Ding. Er verleiht ihm menschliche Züge. Dies zeigt sich in Verben wie schmunzeln, lachen und weinen. Die Bewegungen des Drachens kommen zum Ausdruck in Verben wie steigen, schweben, tänzeln, schwänzeln und fliegen.
Das Gedicht mit seinen 27 Versen ist arhythmisch, doch erleichtern neun Reimpaare und Klammerreime (Verse 3/9/11/20) das Aufsagen.

2. Zur Intention

Das Drachensteigen – ein altes Spiel – ist vielen Kindern bekannt als Freizeitgestaltung im Herbst, aber auch am Strand, und hat bis heute nichts von seiner Attraktivität verloren. Die Beobachtung des Drachenflugs ist gut nachvollziehbar: Das Tanzen im Wind, das Kleinerwerden hoch am Himmel und schließlich das Landen.
Das Gedicht[2] spricht inhaltlich alle Kinder dieser Altersstufe an, da es ihrem unmittelbaren Erfahrungsbereich entnommen ist. Sprachlich und formal ist es vermutlich für manche Kinder wegen seiner Überlänge und arhythmischen Metrik eine gewisse Herausforderung.

Intentionen im Einzelnen:

- Informationen über das Aussehen des Drachens aus dem Text entnehmen,
- durch Beleglesen die Zeichnung ergänzen,
- das Gedicht – auch als Sprechgesang – vortragen.

3. Zur Realisierung

Zum Einstieg

Demonstration: Ein Papier-Drachen (oder ein Bildimpuls) motiviert die Kinder, eigene Erlebnisse vom Drachensteigen zu erzählen.
Zielangabe: Mira Lobe hat ein Gedicht über einen ganz besonderen Drachen geschrieben.

Zur Textbegegnung

Lehrervortrag (Verse 1 bis 3); TA: „Schmunzel Schwebetanz“; weiterer Vortrag (Verse 4–18); Spontanäußerungen und Erklärungen („schweben“, „schmunzeln“); Schlussvortrag (Verse 19–27).
Die Kinder lesen das Gedicht still (KV 1 / S. 6) nach (ohne Arbeitsaufgaben). Zur Differenzierung: Unterstreichen des Namens (zweimal).

Zur Arbeit am Text

1. Teilziel: Inhalt und Gehalt
Impuls: „Nun wisst ihr, weshalb der Drachen ‚Schmunzel Schwebetanz‘ heißt!“ Beleglesen. Weitere Impulse: „Ihr könnt ihn auch malen!“: Beschreibung des Aussehens. „Man merkt, dass der Besitzer des Drachens stol auf ihn ist!“ Die Kinder unterstreichen die Verben, di die Bewegung angeben. Diese werden an der Tafel festgehalten.
Der Impuls: „Ein Drachen kann doch nicht lachen und weinen!“ lässt die besondere Beziehung zu einem „Freund“ vermuten.
Zusammenfassung durch das Tafelbild:

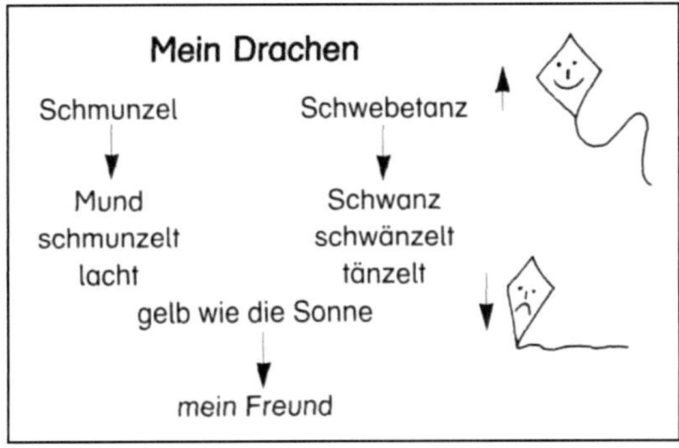

2. Teilziel: Klanggestaltung
Stille Leseübung, lautes Vorlesen, zeilenübergreifendes Lesen; besondere Betonung des Stolzes, der Freude, der Trauer; Pausen nach Vers 23 und 25, pantomimische Darstellung der Verben (wie sich der Drachen bewegt), Schlussvortrag (auch als Rap).

4. Zur Weiterführung

- Collage (viele bunte Drachen hoch am Himmel),
- Bearbeiten der KV 1 / S. 6 und KV 2 / S. 7.

[1] Mira Lobe, geb. 1913 in Görlitz/Sachsen, 1936 Emigration nach Palästina, lebte in Wien seit 1950, gest. 1995; mehrfach preisgekrönte Kinder- und Jugendbuchautorin Österreichs.
Werke u.a.: „Das kleine ICH-BIN-ICH“ (1972), „Die Omama im Apfelbaum“ (1979), „Tiny“ (1981), „Der kleine Troll und der große Zottel“ (1981), „Pitt“ (1990), „Laura im Traumbaum“ (1992), „Dobbi“ (1993). Wikipedia.
[2] Aus: Mira Lobe: Meine kleine Welt. Wien: Ueberreuter 1966. Textillustration zum Weitermalen.

Gedichte | Name: ______ am: ______

Mein Drachen

Damit du es weißt:
Mein Drachen heißt
Schmunzel Schwebetanz.
Findest du das dumm?
Ich sag dir, warum:
Wenn er sich hebt,
wenn er steigt und schwebt,
tänzelt und schwänzelt
sein lustiger Schwanz.
Drum heißt er mit dem Nachnamen
Schwebetanz.
Den Drachen habe ich selbst gemacht.
Er ist gelb wie die Sonne,
schmunzelt und lacht.
Sein Schmunzelmund
ist auch der Grund,
warum er mit Vornamen
Schmunzel heißt.
Damit du es weißt:
So hoch wie Schmunzel Schwebetanz
fliegt sonst kein Drachen – keiner!
Ist ja auch meiner!
Er wird immer kleiner –
ein schwarzer Punkt
ist er zum Schluss –
und weint,
wenn er wieder herunter muss …

Mira Lobe

1. Lest euch bitte dieses Gedicht gegenseitig vor!
2. Sprecht darüber, was ihr dabei denkt, meint und fühlt!
3. Malt dann die Zeichnung bunt aus, so wie es im Gedicht steht, zum Beispiel in den Versen 9, 13, 14 und 15!

 Name: ______ am: ______

Mein Drachen
(Mira Lobe)

Schmunzel ↓ Mund

Schwebetanz ↓ Schwanz

gelb wie die ______

Er ist mein ______

1. Setze die Wortkärtchen richtig ein:

tänzelt	schmunzelt	Sonne
lacht	schwänzelt	Freund

2. Arbeite mit deinem Partner zusammen:
   Einer liest das Gedicht, der Partner macht die Bewegungen des Drachens mit.
3. Versuche, das Drachen-Gedicht als Rap vorzulesen!
   Wer traut sich?
4. Male Schmunzel Schwebetanz, so wie er beschrieben ist!
   Male ihn, wie er aussieht, wenn er steigt und hoch fliegt!
   Male ihn, wie er aussieht, wenn er wieder herunter muss!

2. James Krüss: „Das Lesen, Kinder, macht Vergnügen!“

1. Zum Text

Dieser Lobpreis des Lesevergnügens ist ein typisches Kindergedicht.[1] Es besteht aus zwei Strophen mit je vier Versen, die sich kreuzweise (abab) und paarweise (aabb) reimen. Die jambische Metrik entspricht der Kinderliedform, sie ist vierfüßig in den Versen 1 bis 6 und dreifüßig in den Versen 7 und 8, wobei in Vers 1 und 3 eine zusätzliche Senkung vorkommt.

Die belehrende und ermutigende Absicht des Autors, der selbst „gelernter Lehrer“ war, wird überdeutlich: Das Lesen macht Vergnügen, vertreibt die Langeweile, verhindert das Alleinsein (die Einsamkeit) und vermittelt Wissen über die weite Welt.

2. Zur Intention

Dieses Loblied auf das Lesen und auf die Bücher wird die Drittklässler in ihrer Lesehaltung zu Beginn des Schuljahres bestärken, sie zu weiteren Leseleistungen motivieren, kurzum, sie überzeugen, dass „Lesen einfach gut“ ist, auch für sie ganz persönlich.

Ein handlungsorientierter und kreativer Textumgang wird gewährleistet durch das Montieren des Kindergedichtes aus Versstreifen, durch das Unterstreichen der Leseorte und farbliches Markieren der Reimwörter.

Als literarische Begriffe sollten lediglich „Reim“, „Kreuzreim“, „Paarreim“ und „Strophe“ eingeführt werden. Das Versmaß (Jambus) wird nicht genannt, sondern im sinn- und klanggestaltenden Lesen, unterstützt durch Klatschen, Klopfen oder Stampfen der betonten Silbe, zum Ausdruck gebracht.

Intentionen im Einzelnen:

- Leseorte aufspüren (nach Vers 3 und 4),
- auf besondere Lesefreunde besinnen (nach Vers 5 und 6), die sie nie allein lassen,
- aufnotieren, welches schöne und interessante Wissen aus Büchern zu gewinnen ist (nach Vers 7 und 8),
- Lesefreude mit ihrem Lieblingsbuch genießen,
- das Gedicht sich einprägen und vortragen können,
- Freude am Sprechen und Singen des Gedichtes haben.

3. Zur Realisierung

Zur Initialphase

Sitzkreis, Dingimpuls: „Kinderbuch“; stilles Betrachten, freie Aussprache über den Einband und über eigene Leseerlebnisse.

Überleitung und Zielangabe: „Der uns schon bekannte Dichter James Krüss hat über das Lesen ein Gedicht geschrieben. Wir wollen es kennenlernen, müssen es jedoch zuerst selbst montieren ...“

Zur Rezeptionsphase

Textmontage: Jedes Kind, das einen Briefumschlag mit ausgeschnittenen und „verwürfelten“ Versstreifen erhält, versucht allein oder mit einem Partner, diese in eine sinnvolle Reihenfolge zu legen (KV 2 / S. 10).

Textlesen: Diese Ergebnisse werden vorgelesen, begründet, gewürdigt und mit dem Original verglichen. Der Lehrervortrag (oder ein Schülervortrag) des wieder hergestellten Textes schließt die Rezeptionsphase ab.

Zur Reflexionsphase

1. Freie Aussprache über die Sprechblasen.
2. Textarbeit mit Partner/Partnerin (KV 1 / S. 9):
   a) Unterstreiche die **Reimpaare** mit derselben Farbe!
   b) Umrahme im Text die **Leseorte**!
3. Partnerberichte und gelenktes Unterrichtsgespräch (TA auf Folie oder Seitentafel):

   Reimpaare im Text:

Vergnügen	kann	hat	gefällt
Zügen	jedermann	Stadt	Welt

   Eigene Reimspiele:

nie allein	Spaß	Fleiß	keine Langeweile
das ist fein	Gras	Preis	Zeile um Zeile

   Leseorte im Text: Straßenbahn, Zug, zu Haus, Dorf, Stadt

   Meine Leseorte: Bett, Sessel, Kinderzimmer ...
4. Erschließen des Gehalts
   Gelenktes Unterrichtsgespräch über den Nutzen des Lesens (mit „Beleglesen“ und TA):

Verse 1/2:	**Verse 3/4:**
Spaß/Vergnügen	keine Langeweile
Verse 5/6:	**Verse 7/8:**
kein Alleinsein	Wissen über die Welt ...

Zur Abschlussphase:

Lesen der TA, Schlussvortrag des Kindergedichtes, Schmökern nach freier Wahl in der Leseecke ...

4. Zur Weiterführung

- Arbeitsblatt (KV 1 / S. 9) illustrieren,
- weitere Lese- und Vortragsübungen (als Rap),
- Arbeitsblatt (KV 3 / S. 11) ausfüllen,
- Leseförderung betreiben (Lesenacht, Büchereibesuch, Ferienlektüre ...). insbesondere zu Beginn des Schuljahres.

---

[1] James Krüss: Das Lesen, Kinder, macht Vergnügen. Aus: Der Zauberer Korinthe und andere Gedichte. Hamburg: Oetinger 1982 u. Weinheim: Beltz & Gelberg 1999.

 Name: ______________ am: __________

Das Lesen, Kinder, macht Vergnügen

Das Lesen, Kinder, macht Vergnügen!
(Vorausgesetzt, dass man es kann.)
In Straßenbahnen und in Zügen
und auch zu Haus liest jedermann.

Wer lesen kann und Bücher hat,
ist nie allein in Dorf und Stadt.
Ein Buch, das uns gefällt,
hilft weiter durch die Welt.

James Krüss

Es gibt viel Schönes in der Welt!

Lesen macht Spaß!

1. Lest euch dieses Gedicht vor und sprecht darüber!
2. Von wem sind wohl die Sprechblasen? Zeichne die Person!
3. In die leere Sprechblase kannst du deinen Text schreiben.
4. Markiere mit derselben Farbe die Kreuz-Reime (Strophe 1) und die Paar-Reime (Strophe 2)!

Gedichte	Name: ______ am: ______

Wir setzen ein Gedicht zusammen

Das Lesen, Kinder, macht Vergnügen!
und auch zu Haus liest jedermann.
In Straßenbahnen und in Zügen
(Vorausgesetzt, dass man es kann.)

Ein Buch, das uns gefällt,
Wer lesen kann und Bücher hat,
ist nie allein in Dorf und Stadt.
hilft weiter durch die Welt.
James Krüss

Meine Überschrift:

______

1. Lies diese Versstreifen! Sie sind durcheinander.
2. Nur der erste und der letzte Vers stehen richtig.
3. Schneide diese Vers-Streifen aus!
4. Ordne sie in der richtigen Reihenfolge! Wäre auch eine andere Reihenfolge möglich?
5. Die Kreuz-Reime (Strophe 1) und Paar-Reime (Strophe 2) helfen dir dabei.
6. Klebe diese Vers-Streifen auf ein neues Gedichtblatt! Auch den Namen des Dichters und deine neue Überschrift!
7. Vergleiche deine Montage mit dem Gedicht von James Krüss!
8. Schneide diese Wortkärtchen aus!
   Klebe sie hinter die zwei Vers-Streifen, zu denen sie passen!

Spaß, Vergnügen	keine Langeweile	kein Alleinsein	Hilfe, Wissen

Mein Lieblingsbuch:

______

Gedichte | Name: ______________ am: __________

Wer liest …

Jetzt kannst du diese Sätze ergänzen:

Wer liest, hat ______________________

Wer liest, hat ______________________

Wer liest, hat ______________________

Wer liest, ist ______________________

Wer liest, ist ______________________

Ein Buch kann ______________________

Ein Buch kann ______________________

Ich lese gerade: ______________________

____

3. Josef Guggenmos: „War ein Ries‘ bei mir zu Gast“

1. Zum Text

Das Erzählgedicht[1], das aus fünf Strophen besteht, die sich nach dem Schema aaab reimen, ist klar und einfach aufgebaut. Sowohl Inhalt als auch Sprache sind leicht verständlich. In Strophe 1 und 2 wird der Riese vorgestellt durch die Angabe seiner Größe. Strophe 3 gibt seine heitere Stimmung wieder und führt zu seinem Namen, der in der vierten Strophe verraten wird. Strophe 5 zeigt die enge Verbundenheit des Dichters mit dem Riesen auf: Er lässt ihn schön grüßen.

2. Zur Intention

Die Beschreibung des Riesen fordert dazu heraus, diesen aus der Vorstellung heraus zu malen. Hier ist das Größenverhältnis zu beachten. Auch sein Name gibt Anlass, das Bauprinzip herauszufinden und selbst neue Namen zu erfinden. Es bietet sich an, das Lied[2] (KV 2 / S. 14) im Kanon zu singen, was durch den fortlaufenden Text keine Schwierigkeit bereitet.

Intentionen im Einzelnen:

- den Riesen aus der Vorstellung heraus malen,
- das Bauprinzip des Namens erkennen und danach neue Namen erfinden,
- das Lied im Kanon singen und sich so den Text einprägen.

3. Zur Realisierung

Zur Motivation

Riesige Fußabdrücke (Papierfüße) durch das Klassenzimmer motivieren zum Stundenbeginn zu Fragestellungen, die von der Lehrkraft aufgegriffen werden.
Die Kinder schildern ihre Vermutungen über Aussehen und Größe des Riesen. Sie erfahren in der Zielangabe, dass so ein Riese bei Josef Guggenmos zu Gast war. Tafelanschrift des Titels.

Zur Textbegegnung und -erschließung

Die Lehrkraft trägt Strophe 1 und 2 frei vor (KV 1 / S. 13). Nach dem Nachlesen und der freien Aussprache beginnt die „Werkstattarbeit“.[3]

1. Zeichnerische Erschließung / Gestaltung
Mit einem Zollstock kann die Größe des Riesen erahnt werden. Der Impuls: „Stellt euch vor, der Riese säße bei euch im Garten!“ lässt Vorstellungen über das Größenverhältnis, die Darstellung des Riesen im Sitzen (Demonstration durch ein Kind) aufkommen. Die Kinder gestalten möglichst großformatig den sitzenden Riesen zusammen mit dem Dichter. Die Bilder werden gewürdigt.

2. Sprachschöpferische Erschließung / Gestaltung
Die Lehrkraft trägt nun alle fünf Strophen vor, Strophe 4 wird wiederholt und der Name des Riesen auf einer Wortkarte vorgestellt und gemeinsam gelesen. Die Kinder erkennen das Bauprinzip durch Rückwärtslesen, auf der Rückseite verdeutlicht durch farbiges Hervorheben des O.
In Partnerarbeit erfinden die Kinder Namen weiterer möglicher Geschwister des Riesen. Zur Differenzierung erhalten einige Kinder als Vorgabe Worthälften wie RASIFU, GUZIFUZI oder SIMAGO, die sie nach dem Bauprinzip erweitern. Die neuen Namen finden ihre Würdigung durch gemeinsames Lesen.

3. Musikalische Erschließung / Gestaltung
Die Lehrkraft erzählt, dass der Abschied von dem Riesen schwer fällt und macht dies deutlich durch Summen der Melodie. Die Kinder erkennen, dass diese traurig klingt. Beim zweiten Mal summen alle mit. Gemeinsam singen die Kinder das Lied (KV 2 / S. 14) mit Gitarrenbegleitung. Danach erfolgt eine Einweisung in die Begleitung mit Xylophon und Metallophon. Den Abschluss bildet das Singen des Kanons.

4. Zur Weiterführung

- Ausfüllen der KV 2 / S. 14,
- Ausfeilen des Sprech-, Lied- und Spielvortrages, auch der eigenen Strophen. Z. B.:

  Und er schrieb in einem Zug:
  GUZIFUZiZUFIZUG
  ebenso verkehrt im Flug,
  ja, so hieß der Gute.

[1] Josef Guggenmos: War ein Ries‘ bei mir zu Gast. Aus: Was denkt die Maus am Donnerstag? München: Middelhauve 1967 u. Weinberg: Beltz & Gelberg. Im Original: Besuch.
Zur Biografie: Josef Guggenmos, geb. am 2.7.1922 in Irsee/Allgäu, gest. am 25.9.2003 ebenda; bekannter und preisgekrönter Kindrlyriker, Kinder- und Jugendbuchautor.
Werke u.a.: „Zilli, die Ziege“ (1965), „Sieben kleine Bären“ (1971), „Hans, mein Hahn“ (1973), „Was denkt die Maus am Donnerstag. 123 Gedichte für Kinder“ (1967), „Ein Elefant marschiert durchs Land“ (1968), „Hausbuch deutscher Sagen und Schwänke“ (1972), „Kasperl in Platschanien“ (1980), „Mein neuer Ball“ (1986), „Das Liederbuch Mo-die-mi-do“ (1988).
[2] Lied steht in: Die bayerische Liederkutsche. Berlin/Bielefeld 1990, S. 92.
[3] Schülerzeichnung aus einer 3. Klasse einer Grundschule in Schweinfurt. Seminarrektorin Maria Werner.

Gedichte | Name: ______________________ am: ____________

War ein Ries‘ bei mir zu Gast

War ein Ries‘ bei mir zu Gast,
sieben Meter maß er fast,
hat er nicht ins Haus gepasst,
saßen wir im Garten.

Weil er gar so riesig war,
saßen Raben ihm im Haar,
eine ganze Vogelschar,
die da schrien und schwatzten.

Er auch lachte laut und viel,
und dann schrieb er mir zum Spiel
– Bleistift war der Besenstiel –
seinen Namen nieder.

Und er schrieb in einem Trumm:
MUTAKIRORIKATUM.
Ebenso verkehrt herum,
ja, so hieß der Gute.

Falls ihr einen Riesen wisst,
dessen Name also ist
und der sieben Meter misst,
sagt, ich lass ihn grüßen!

Josef Guggenmos

Abb.: „War ein Ries’ bei mir zu Gast …“ (Schülerzeichnung)

Gedichte | Name: ______ am: ______

Arbeitsblatt: War ein Ries‘ bei mir zu Gast

1. Schreibe die Überschrift auf: ______
2. Schreibe den Namen des Dichters auf: ______
3. Wie heißt der Riese im Gedicht? ______
4. Wie bildet er seinen Namen? ______
5. Bilde nach diesem Muster aus folgenden Teilen Riesen-Namen seiner Geschwister:

   S U R O M O R A ______ A ______

   G U Z I F U Z I ______ I ______
6. Schreibe hier die 4. Strophe mit dem Namen deines Lieblingsriesen auf:

   Und er schrieb in einem Trumm: ______

   M U T A K I R O R I K A T U M ______

   ebenso verkehrt herum, ______

   ja, so hieß der Gute. ______
7. Macht es dir Spaß, eine Melodie, einen Sprechgesang oder einen Rap zu erfinden?

Male hier dich und deinen Riesen!

4. Unbekannt: Bildgedichte „Winter“ und „Weihnachten“

1. Zum Text

Bildgedichte (Piktogramme) sind nach Eugen Gomringer „Textanordnungen, deren Erscheinungsbild absichtlich Umrisse hat. Es kann deshalb z.B. zuerst eine Figur gedacht oder skizziert vorhanden sein, deren Formen dann mit Sprachmaterial aufgefüllt werden, oder es kann ein Text durch die Umrisse einer abbildenden Figur begrenzt werden. Der Anteil der Poesie besteht darin, das Verhältnis von graphischer Figur und textlicher Aussage semantisch und semiotisch zu bestimmen, was wohl durch den Kontrast, aber auch durch spielerische Annäherung an die Tautologie geschehen kann.“[1]
Wir wählen einige Beispiele[2], zu denen das Grundschulkind in der Winter- und Weihnachtszeit eine innige Beziehung hat:
Schneemann (Baustein das Wort „Schnee“; Einzeichnungen);
Schneeflocke (Baustein der Satz „Es schneit“)[3];
Kirche (Baustein „K“ und das Wort „FRIEDE“, das auf das Wesentliche des Weihnachtsfestes hinweist);
Weihnachtsbaum (Baustein „W“ und gezeichneter Stamm)[4].

2. Zur Intention

Kinder werden, wie Schulversuche[5] zeigen, unmittelbar von Seh- oder Bildgedichten, die thematisch aus ihrer Erfahrungswelt stammen, angesprochen und angeregt, eigene Gebilde zu entwerfen. In diesem kreativen Umgang, der sich an die Analyse vorhandener Piktogramme anschließt, soll der Schwerpunkt unserer Doppelstunde liegen. Die Kinder sollen ihre eigenen Gefühle, Erwartungen und Meinungen über „Winter“ und „Weihnachten“ in Wort und Bild ausdrücken können.

Intentionen im Einzelnen:

- Bildgedichte, damit Beispiele der konkreten Poesie, kennen lernen,
- die Bildgedichte „Winter“ und „Weihnachten“ kennen lernen,
- das Bauprinzip erkennen, dass Wortbedeutungen durch bildliche Anordnung der Sprachelemente (Buchstaben, Wörter) sichtbar werden,
- neue Piktogramme zum Motiv gestalten.

3. Zur Realisierung

Zum Einstieg

Impuls: „Wir erzählen, wie es das erste Mal geschneit hat.“ Freie Aussprache. Bildimpuls: „Schneeflocke“ im Episkop!

Zur Rezeption

1. Teilziel: Bauprinzip 1 der Bildgedichte
Denkimpuls: „Betrachtet und vergleicht die Bilder „Schneemann“ und „Schneeflocke!“ (KV 1 / S. 16). Ergebnis: Es sind Bilder aus Wörtern (TA).

2. Teilziel: Bauprinzip 2 der Bildgedichte
Impuls zum gelenkten Unterrichtsgespräch: „Wir betrachten weitere Bilder!: ‚Kirche‘, ‚Weihnachtsbaum‘“. Ergebnis: „Es sind Bilder aus Buchstaben“ (TA).

3. Teilziel: Sinngebung der Bildgedichte
Impuls: „Im Bildgedicht ‚Kirche‘ ist ein fremdes Wort versteckt.“ Ergebnis: Friede! „Es bedeutet: Friede in der Kirche, im Gotteshaus, an Weihnachten.“

Zur Produktion (in der „Werkstatt“)

1. Teilziel: Wir betrachten das Arbeitsblatt
Freie Aussprache über KV 2 / S. 17. Impuls: „Jetzt bist du an der Reihe!“ Oder: „Kannst du das auch? Vielleicht sogar besser?“

2. Teilziel: Wir verändern Bildgedichte
Impuls: „Das Wort ‚Friede‘ oder andere Wörter, z.B. ‚Spaß‘, ‚Freude‘, könnten auch in anderen Bildern enthalten sein.“ Die Kinder machen Vorschläge, drucken diese Wörter und setzen sie unterm Episkop ein, z.B. „Spaß“ bei „Schneemann“, „Freude“ bei „Schneeflocke“.

3. Teilziel: Wir erfinden eigene Bildgedichte
Impuls: „Auf unserem Arbeitsblatt steht ‚Jetzt bist du an der Reihe‘!“ Die Kinder machen nun Vorschläge und „basteln“ danach allein, mit einem Partner oder in einer Gruppe Bildgedichte zum Thema.
Die ersten „Werkstücke“ werden vorgestellt – und gewürdigt.

4. Zur Weiterführung

- Weitere Bildgedichte in der Freiarbeit, in der Schuldruckerei, herstellen,
- eine Ausstellung „Konkrete Poesie“ organisieren,
- Bildgedichte als persönliche Weihnachtsgeschenke für Eltern, Großeltern, Geschwister, Verwandte und Bekannte gestalten.

---

[1] Eugen Gomringer: Konkrete Poesie. Stuttgart 1973, S. 164.
[2] Originalbeiträge des Verfassers.
[3] Wolfgang Menzel: Schneeflocke. In: Texte für die Primarstufe 2. Hannover1972, vgl. S. 52 (nachempfunden).
[4] Paul Maar: JAguar und NEINguar. Gedichte. Hamburg 2007, vgl. S. 91-105 (nachempfunden).
[5] Doris Schmieder/Gerhard Rückert: Kreativer Umgang mit konkreter Poesie. Freiburg 1976, vgl. S. 17 ff.

Gedichte | Name: ______ :

Unbekannt: Bildgedichte „Winter“ und „Weihnachten“

```
    Schnee
    Schnee
    Schnee
  neeSchneeSc
 nneeSchneeSchn
 nneeSchneeSchn
  neeSchneeSchr
  neeSchneeSc
 hneeSchneeSchn
chneeSchneeSchne
chneeSchneeSchnee
SchneeSchneeSchnee
SchneeSchneeSchnee
chneeSchneeSchne
 hneeSchneeSchn
  neeSchneeSch
```

```
        HNE
       CHNEI
     ESSCHNEITES
    ESSCHNEITES
  ITESSCHNEITESSCH
  ITESSCHNEITESSCH
NEITESSCHNEITESSCHNE
 EITESSCHNEITESSCH
  EITESSCHNEITESSCH
    ESSCHNEITES
     ESSCHNEITES
       CHNEI
        HNE
```

______

______

```
                  K
                 KKK
                KKKKK
                KK KK
                KKKKK
   KKKKKKKKKKKKKKKKKKKK
  KKKKKKKKKKKKKKKKKKKKK
 KKKKKKKKKKKKKKKKKKKKKK
KKKKKKFRIEDEKKKKKKKKKK
KKKKKKKKKKKKKKKKKKKKKKK
KK   KK   KK   KKKKKK KK
KK   KK   KK   KKKKKKKKK
KK   KK   KK   KKKKKK KK
KKKKKKKKKKKKKKKKKKKKKKK
```

______

______

1. Wir betrachten diese Bild-Gedichte und sprechen darüber.
2. Wie werden diese Bild-Gedichte „gemacht“?
3. Wir schreiben die „Bausteine“ und die Titel der Bild-Gedichte auf.
4. Wir „basteln“ selbst Bild-Gedichte.

Gedichte	Name: ______________________	am: __________

Wir „basteln“ Bildgedichte zum Thema „Winter“ und „Weihnachten“

1. Schneide aus jedem Wörter- oder Buchstaben-Block das dazugehörige Bild aus!
2. Klebe diese Bilder auf einen Karton oder auf ein Blatt auf!

SternSternSternSternStern
SternSternSternSternStern
SternSternSternSternStern
SternSternSternSternStern
SternSternSternSternStern
SternSternSternSternStern
SternSternSternSternStern
SternSternSternSternStern
SternSternSternSternStern
SternSternSternSternStern

KugelKugelKugelKugel
KugelKugelKugelKugel
KugelKugelKugelKugel
KugelKugelKugelKugel
KugelKugelKugelKugel
KugelKugelKugelKugel
KugelKugelKugelKugel
KugelKugelKugelKugel
KugelKugelKugelKugel
KugelKugelKugelKugel

SchneeSchneeSchnee
SchneeSchneeSchnee
SchneeSchneeSchnee
SchneeSchneeSchnee
SchneeSchneeSchnee
SchneeSchneeSchnee
SchneeSchneeSchnee
SchneeSchneeSchnee
SchneeSchneeSchnee
SchneeSchneeSchnee

KKKKKKKKKKKKKKKKKKKKKKKKKK
KKKKKKKKKKKKKKKKKKKKKKKKKK
KKKKKKKKKKKKKKKKKKKKKKKKKK
KKKKKKKKKKKKKKKKKKKKKKKKKK
KKKKKKKKKKKKKKKKKKKKKKKKKK
KKKKKKKKKKKKKKKKKKKKKKKKKK
KKKKKKKKKKRIPPEKKKKKKKKKKK
KKKKKKKKKKKKKKKKKKKKKKKKKK
KKKKKKKKKKKKKKKKKKKKKKKKKK
KKKKKKKKKKKKKKKIPPEKKKKKKKK

SSSSSSSSSSSSSSSSSSSSSSSSSS
CCCCCCCCCCCCCCCCCCCCCCCCC
HHHHHHHHHHHHHHHHHHHHHHHHH
SCHSCHSCHSCHSCHSCHSCHSCH
LLLLLLLLLLLLLLLLLLLLLLLLLLLL
IIIIIIIIIIIIIIIIIIIIIIIIIIIIIIIIIIIIIIIIIIIIIIIIIIIIIIIIIIII
TTTTTTTTTTTTTTTTTTTTTTTTTTTTT
TTTTTTTTTTTTTTTTTTTTTTTTTTTTT
EEEEEEEEEEEEEEEEEEEEEEEEEE
NNNNNNNNNNNNNNNNNNNNNNNNN

3. Jetzt erfinde selbst Buchstaben- oder Wörterblöcke!
   Du kannst eine Schreibmaschine, einen Stempelkasten, den Computer oder auch deine Schrift verwenden.
4. Welche dazugehörigen Bilder möchtest du ausschneiden?
5. Jetzt bist du an der Reihe! Versuche deine eigenen Bild-Gedichte!

Sch, Schnee, Schneemann, Schi. **Oder:** ______________________

W, Winter, Wintermantel, -apfel. **Oder:** ______________________

W, Weihnachtsmann, -plätzchen. **Oder:** ______________________

5. Volksgut: „Drei Chinesen …“

1. Zum Text

Dieses fremdländisch klingende Scherzlied entstammt der volkstümlichen Kinderlyrik.[1] Es besteht aus einem Fünfzeiler, um dessen mittleren Vers „da kam die Polizei“ sich je ein Reimpaar (mit ungleichem Versmaß) gebildet hat. Der erste und letzte Vers „Drei Chinesen mit dem Kontrabass“ schließen den Kreis. Auf diese Weise wird eine scherzhafte Antwort auf die strenge Frage der Polizei gegeben, die damit verulkt wird.
Dieser ulkig-sinnlose Inhalt ist an und für sich nebensächlich. Er liefert nur das Material für das Sprachspiel, dessen Regel der Ersatz aller Vokale durch ein und denselben Vokal ist. Dieser Austausch der Vokale im Normaltext durch die hell klingenden Vokale i, e und ei bewirkt, dass das Lied chinesisch oder japanisch empfunden wird. Die dunklen Vokale o, u, a und die Diphthonge au, eu könnten afrikanisch klingen.

2. Zur Intention

Die Sprechgestaltung, das Singen und Inszenieren, womöglich begleitet von einigen Orff-Instrumenten, sind die text- und kindgemäßen Umgangsweisen in dieser Gedicht- und Liedstunde zur Faschingszeit.
Für die Drittklässler bietet sich zudem die günstige Gelegenheit, zum einen die Buchstabenkenntnis (Selbst-, Um-, Doppellaute) zu festigen, zum anderen die Erkenntnis zu gewinnen, dass die Phonemvokale für den Klang eines Wortes verantwortlich sind. Um diesen Vokalersatz zu veranschaulichen, schlagen wir als weitere Methode des Textumgangs die Montagetechnik vor.[2]

Intentionen im Einzelnen:

- Spaß und Freude am Sprechen, Singen und Inszenieren des Scherzliedes (und seiner Variationen) haben,
- den Normaltext durch die Ersatzprobe kreativ verändern und illustrieren,
- erleben, dass der Vokalersatz den Normaltext klanglich verfremdet.

3. Zur Realisierung

Motivationsphase

Die Kinder beschreiben den Hut, den die Lehrkraft aufsetzt und erkennen, dass es sich um einen Chinesenhut handelt.
Impuls: „Wollt ihr heute einmal ‚chinesisch‘ lernen?“ „Jetzt im Fasching, Karneval …?“

Rezeptionsphase

1. Teilziel: Darbietung
Die Lehrkraft spielt das Tonband „Dri Chinisin …“ (Gitarrenbegleitung) ab. Die Kinder sprechen sich frei aus.

2. Teilziel: Vergleich mit dem Originaltext
Damit die Kinder entdecken, wie das „chinesische Lied“ entstanden ist, teilt die Lehrkraft nun das Gedichtblatt mit dem Normaltext (KV 1 / S. 19).
Durch Zuhören, Vor-, Mit- und Nachsprechen bzw. -singen entdecken die Kinder, dass jeder Selbstlaut (Vokal) durch „i“ – insgesamt 41-mal – ersetzt wurde. Diese Spielregel wird formuliert und an der Tafel festgehalten:

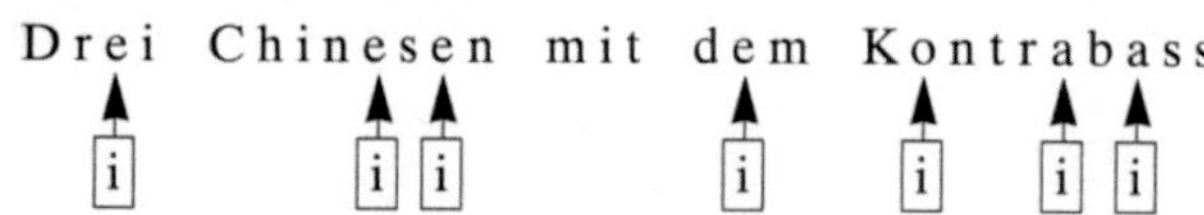

3. Teilziel: Sprech-, Sing- und Spielgestaltung
Die Kinder sprechen und singen abwechselnd den Normal- und den „i“-Text. Die Melodie[3] ist auf dem Arbeitsblatt abgedruckt (KV 2 / S. 20).

Produktionsphase

Anhand des Arbeitsblattes wählen nun die Kinder in Allein- oder Partnerarbeit einen Laut aus und montieren ihn in den Normaltext. Danach versuchen sie, diese „Fremdsprache“ für einen lustigen Vortrag vor der Klasse vorzubereiten.
Nach der Beendigung dieser Montage und Einstudierung dieser „Fremdsprache“ erfolgt (in Gruppen) der Vortrag (im Sprechen oder Singen).
Als Ausklang könnten alle „Fremdsprachen“ gleichzeitig wie das „Stimmengewirr zu Babel“ gesprochen oder gesungen und szenisch dargestellt werden.

4. Zur Weiterführung

- Montage einer Strophe (mit Illustration),
- Handy- oder Kassettenaufnahme einer Variation, des gesamten Stimmengewirrs,
- Vorbereitung (Basteln von Requisiten. Proben mit Lied- und Musikbegleitung) und Aufführung von Fingerspielen und Stabfigurenspielen.

[1] Volksgut: Drei Chinesen. Text und Melodie mündlich überliefert.
Anmerkung: Der "Volksliedsänger" beabsichtigt **keine** Diskriminierung anderer Völker. Er meint mit „drei Chinesen“ nur die „Faschingsfiguren“, in die man gerne schlüpft, um sich zu verkleiden. Er hätte auch „Japanesen“, „Indianer“, „Eskimos“ oder „Matrosen“, „Kaminkehrer“, „TV-Köche“ wählen können. Beabsichtigt ist lediglich das „fremdländisch klingende“ Sprachspiel und Stimmengewirr.
[2] Oswald Watzke: Umgang mit Texten in der Primarstufe. München, 3. Aufl. 1979.
[3] Quelle: Lieder, Songs und Gospels mit Gitarren-Anleitung, hrsg. von Gerhard Buchner. München 1978, S. 71. (Dort: „Drei Japanesen …“. Text und Melodie auf „Drei Chinesen …“ geändert.)

Gedichte | Name: ________ am: ________

Drei Chinesen

Drei Chinesen mit dem Kontrabass
saßen auf der Straße und erzählten sich was.
Da kam die Polizei:
„Ja, was ist denn das?“
„Drei Chinesen mit dem Kontrabass!“

Volksgut

Dri Chinisin

Dri Chinisin mit dim Kintribiss
sißin if dir Strißi ind irzihltin sich wis.
Di kim di Pilizi:
„Ji, wis ist dinn dis?“
„Dri Chinisin mit dim Kintribiss!“

Volksgut

Gedichte | Name: __________ am: __________

Drei Chinesen

Drei Chinesen mit dem Kontrabass
saßen auf der Straße und erzählten sich was.
Da kam die Polizei:
„Ja, was ist denn das?“
„Drei Chinesen mit dem Kontrabass!“

1. Wähle **einen** Laut aus! [a] [e] [i] [o] [u] [ö] [ü] [ä] [ei] [au] [eu]
2. Trage immer den gleichen Laut in die Kästchen ein!
3. Versuche diesen neuen Text wie eine „Fremdsprache“ zu sprechen oder zu singen!

Dr__ Ch__n__s__n

Dr__ Ch__n__s__n m__t d__m K__ntr__b__ss
s__ß__n __f d__r Str__ß__ __nd __rz__hlt__n
s__ch w__s. D__ k__m d__ P__l__z__:
„J__, w__s __st d__nn d__s?“
„Dr__ Ch__n__s__n m__t d__m K__ntr__b__ss

4. Singt dieses Lied in verschiedenen „Fremdsprachen“! Stellt es auch szenisch dar!

D A7
Drei Chi - ne-sen mit dem Kon - tra - bass sa - ßen auf der Stra - ße und er -
D D7
zähl - ten sich was. Da kam die Po - li - zei: „Ja, was
G A7 D
ist denn das?“ „Drei Chi - ne - sen mit dem Kon - tra - bass!“

6. M. A. Ringer: „Hallo, Herr Winter!“

1. Zum Text

Dieses sowohl naturlyrische als auch geschehnislyrische Kindergedicht[1] stellt nach Klaus C. Haase[2] „in vier unregelmässig gebauten Strophen eine einseitige Dialogsituation (einen Monolog) dar. Der Autor ruft den Winter an – respektvoll („Herr“), aber energisch den gestrengen Herrn verabschiedend (Strophe 1: Vers 1 als Einzeiler).
Strophe 2 (Verse 2-6) kommentiert die nicht wiedergegebene Antwort des Winters auf die Verabschiedung. Vers 2, nur formal eine Frage, inhaltlich Ausdruck der Empörung angesichts der Weigerung des Winters, dem Frühling zu weichen, bringt in den Versen 3 und 4 (Reimpaar) den mächtigen Bundesgenossen, den ‚warmen Wind‘ (Alliteration w – w!) ins Spiel, dem auch die kommentierte Drohung mit Schnee und Eis (Vers 5) nichts anhaben kann. Der Autor fühlt sich durch sein Wissen dem Winter überlegen. Ein Zeuge vom Ende des Winters ist gefunden: ein Schneeglöckchen (Vers 7), wie es Vers 6 in der Form einer rhetorischen Frage, die den Triumph des Kindes andeutet, voraussagt.
Strophe 3 (Verse 7, 8, 9) ist (Vers 7 [„schaut“] ist die einzige Waise – Vers ohne Reimstrecke) ein relativ unregelmäßig gebauter Dreizeiler. Zunächst fast verhalten, aber voll frohen, stillen Triumphes auf das aus dem Erdreich schauende erste Blümchen verweist der Dichter dann in lautem Jubel auf das Ende des Winters (Vers 9).
Dieser Jubel mündet ein auf jeden Widerspruch ausschließenden Imperativ der elliptischen Schlussstrophe Vers 10 (wie Vers 1 wieder ein Einzeiler): „Hinaus!“

2. Zur Intention

Die Kinder, die den Wechsel der Jahreszeiten intensiv miterleben, sollen an diesem Kindergedicht Anlass, Struktur und Wirkung des Monologs des Autors mit dem personifizierten Winter, der stumm bleibt, erkennen und sprecherisch nachgestalten.
Diese Phase der Erarbeitung der sprecherischen Gestaltung des einseitigen Dialogs durch möglichst viele Kinder wird zum Kernstück des Gedichtumgangs.
Da diese Gesprächssituation natürlicherweise die Ergänzung des Monologs zum Dialog mit dem Winter verlangt, wird, wie es die Kinder in einem Schulversuch selbst forderten, die literarische Produktion der Antworten des Winters zum zweiten Kernstück der „Werkstattmethode“.
Das dritte Hauptanliegen ist dann wiederum die sprecherische und jetzt auch die szenische Gestaltung des Dialogs zwischen Autor (als Kind) **und** Winter.

Intentionen im Einzelnen:

- Erfassen der Gesprächssituation,
- Sprechgestaltung des Monologs,
- Verfassen der Antworten des Winters,
- Sprech- und Spielgestaltung des Dialogs.

3. Zur Realisierung

Zum Einstieg

Mit Blick in die Natur, auf den (nahenden) Jahreszeitenwechsel: ausdrucksstarker Lehrervortrag (als Hörszene), Nachlesen des ausgeteilten Gedichtblattes (KV 1 / S. 22), Betrachten der Zeichnung, freie Aussprache über Gedicht und Zeichnung, Planen der Textumgangsformen.

Zur „Werkstattmethode“

1. Zur Sprechgestaltung
Zunächst versuchen die Kinder die sprechgestaltende Interpretation des Gedichtes selbstständig in Gruppen, dann werden diese Gestaltungsversuche präsentiert und gemeinsam besprochen und ausgefeilt.
Auf folgendes könnte dabei besonders geachtet werden: Ton der Begrüßung und Verabschiedung, Stabreime (Winter – Wiedersehen, warmer – Wind), Lautmalerei (ritze-ratze), Reime, die Anrede, der Triumpf und Jubel, Fragen, Drohungen und Befehle.

2. Zur literarischen Produktion
Nach einem angemessenen Schlussvortrag des Monologs überlegen sich die Kinder – je nach Wahl – in Einzel-, Partner- oder Gruppenarbeit die möglichen Antworten des Winters, der nun auf der Bühne erscheint. Anhand der KV 2 / S. 23 verfassen sie nun dessen Gegenrede – völlig frei.
Diese literarischen Ergebnisse, sprechgestaltend vorgetragen, vervollständigen nun den Monolog zum Dialog, zum Streitgespräch zwischen Autor und Winter - eventuell mit verschiedenen Ausgängen, wer von beiden Kontrahenten den Sieg davon trägt.

3. Zur Inszenierung des Dialogs
Nun können einzelne Gruppen die ganze Dialogsituation sprechgestaltend, mimisch und gestisch in Szene setzen, eventuell mit Hintergrundgeräuschen und –melodien.
Denkbar wäre auch, die Dialogszene zum kleinen dramatischen Spiel „Das Winteraustreiben“ (mit weiteren Rollen des Dichters, des Windes, des Schneeglöckchens und des Schneemannes) auszuweiten.

4. Zur Weiterführung

- Verfeinerung des Sprech- und Spielvortrags (evtl. bis zur Aufführungsreife),
- Sammeln und Vorstellen weiterer Wintergedichte (Lesebuch, Kinderzeitschrift, Anthologie).

[1] M.A. Ringer: Hallo, Herr Winter! Aus: Jugendzeitschrift „Teddy“. 3/78 (Esslingen: Schreiber / Stuttgart: Thienemann). Vita nicht zu ermitteln.
[2] Klaus C. Haase / Harald Watzke: M.A. Ringer: Hallo, Herr Winter! In: Oswald Watzke (Hrsg.): Gedichte in Stundenbildern 3. Jahrgangstufe. Donauwörth, 5. Aufl. 2004, S. 49 (gekürztes Zitat).

Gedichte | Name: ______________________ am: __________

Hallo, Herr Winter!

Hallo, Herr Winter! – Auf Wiedersehen!

Was, Sie wollen noch nicht gehen?
Gleich kratzt Ihnen ritze-ratze
der warme Wind die eisige Glatze!
Sie werfen mit Schnee und Eis?
Soll ich Ihnen sagen, was ich weiß?

Ein Schneeglöckchen schaut
aus der Erde heraus -
Ihre Zeit ist um, Ihre Zeit ist aus!

Hinaus!!!

M.A. Ringer

Gedichte | Name: | am:

Hallo, Herr Winter!

Rede des Kindes
(verfasst von M.A.Ringer)

Hallo, Herr Winter! – Auf Wiedersehen!
Was, Sie wollen noch nicht gehen?
Gleich kratzt Ihnen ritze-ratze
der warme Wind die eisige Glatze!
Sie werfen mit Schnee und Eis?
Soll ich Ihnen sagen, was ich weiß?
Ein Schneeglöckchen schaut
aus der Erde heraus -
Ihre Zeit ist um, Ihre Zeit ist aus!
Hinaus!!!

Antwort des Winters
(verfasst von den Kindern)

Mein Zweizeiler / mein Reimpaar:

Mein Bild:

7. Hans Baumann: „Schneemann und Sonne“

1. Zum Text

Dieses anschauliche Kindergedicht[1] kann sowohl als Winter- als auch als Frühlingsgedicht bezeichnet werden, weil seine Handlung genau zwischen diesen beiden Jahreszeiten angesiedelt ist. Es herrscht Tauwetter, Schnee wird zu Schmelzwasser. Zu Schneeschmelze, bewirkt durch die stärker strahlende Sonne, wird auch der Schneemann, der Repräsentant des Winters, der nun dem Frühling weichen muss.
Der Dichter[2] gebraucht die Stilmittel des sprachlichen Bildes („viele weiße Hemden“ des Schneemannes sind die Schichten der gerollten Schneekugeln; „viel tausend Augen“ der Sonne sind ihre Strahlen), der Anthropomorphisierung (Schneemann und Sonne als Personen) und der Wiederholung (refrainartige Verse 3 und 4 einer jeden Strophe). Auf diese Weise gestaltet Hans Baumann sein Kindergedicht sehr liedhaft und leicht singbar, zumal er auch ein strenges Reimschema abcb (Klammerreim) und einen lebhaften Rhythmus (zwei- bis fünffüßiger Trochäus, wechselweise weich oder stark endend) verwendet.

2. Zur Intention

Die Kinder, die zu den Elementen des Winters, zu Schnee, Schneemann, Schlitten und Schi eine starke, erlebnisreiche Beziehung haben, lassen sich erfahrungsgemäß für unseren Umgang mit Kinderlyrik i. S. der Werkstattmethode begeistern. So sollen sie – auch textadäquat – Klang, Reim, Rhythmus und die Wirkung der Stilmittel gefühlsmässig erfassen und kreativ sprecherisch, musikalisch, literarisch und bildkünstlerisch gestalten.

Intentionen im Einzelnen:

- das Kindergedicht sinn- und klanggestaltend lesen, vortragen und evtl. singen (rappen),
- das Kindergedicht fortschreiben und auf die Ich-Form umschreiben,
- es bildkünstlerisch interpretieren,
- Spaß und Freude am Umgang mit Kinderlyrik haben.

3. Zur Realisierung

Zum Einstieg

Bildimpuls „Schneemann“ (Schwammzeichnung auf Wandtafel – „Zeichnung“ vergeht); freie Aussprache.
Wortimpuls (TA, Folie oder Wortkarte) „Schneemann“, freie Aussprache …

Zur Textrezeption

Eindrucksvoller Lehrervortrag mit Musikuntermalung (Winterlied); Vorlesen des Textblattes, Vor- und Mitsprechen der Kinder (KV 1 / S. 26).

Zur Textproduktion

Um ein Zerreden des Gedichtes nach Inhalt und Form zu vermeiden, wird gleich nach der freien Aussprache mit der erschließenden Werkstattarbeit begonnen:

1. Sprecherisches Gestalten
Die Gefühlslagen der Rollen erspüren und sprecherisch ausdrücken:
Strophe 1: der Dichter, die Leser/-innen bzw. Hörer/-innen fragend („Sagt nur …“),
Strophe 2: die Sonne mächtig („viel tausend Augen“) und streng („Hat er …“),
Strophe 3: Schneemann ängstlich, traurig („Sonne zieht … ihm … aus“).
Üben in Kleingruppen unter Betreuung mit Rollenwechsel, Wechsel zwischen Solisten und Chor (Verse 3/4 in jeder Strophe); Präsentation mit (wohlwollender) Kritik (Tempo, Höhe, Gefühlsausdruck der Sprechweise).

2. Musikalisches Gestalten
Diese Sprechweise wird übergeleitet in einen Sprechgesang, den die Lehrkraft bzw. ein mutiger Schüler oder eine kesse Schülerin als Rap gestaltet. Dieser Rap-Vortrag (mit pantomimischer bzw. szenischer Darstellung) sollte mit stimmigen und passenden Orff-Instrumenten begleitet werden. Die Schlussperformance wird mit ermunterndem Beifall bedacht.

3. Literarisches Gestalten
Das Weitererzählen dieser Kürzestgeschichte anlässlich der Frage „Wie ergeht es wohl dem Schneemann endgültig?“ spaltete die Kinder in zwei Gruppen. Die eine Gruppe, die größere, entschied sich für den kommenden Frühling, der den Schneemann tauen und endgültig verschwinden ließ. Die andere, kleinere Gruppe, plädierte – i. S. eines Gegengedichtes – für den Winter, der zurückkehrte und den angeschmolzenen Schneemann „am Leben“ erhielt.
So „dichteten“ die Kinder zwei vierte Strophen mit unterschiedlichem Ausgang:

Winter kommt zurück mit Kälte
zieht dem weißen Mann
seine 1, 2, 3, 4, 5, 6, 7,
hundert Hemden wieder an.

Schülergruppe A

Frühling zieht dem angetauten
Schneemann vor dem Haus
seine 1, 2, 3, 4, 5, 6, 7,
alle seine Hemden aus.
Schülergruppe B

Das Erzählen in Ich-Form, aus der Perspektive des Schneemannes, ermöglichte den Kindern eine weitere Variante, ihre literarische Kompetenz zu entwickeln, sich als lyrisches Ich (wie der Autor) zu empfinden:

Sagt nur, wie viel weiße Hemden
hab ich Schneemann an?
Hab ich 1, 2, 3, 4, 5, 6, 7
oder hundert Hemden an?

Sonne hat viel tausend Augen
und sie sieht's mir an:
Hab ich 1, 2, 3, 4, 5, 6, 7
oder hundert Hemden an?

Sonne zieht mir kugelrundem
Schneemann vor dem Haus
meine 1, 2, 3, 4, 5, 6, 7,
alle hundert Hemden aus'.

Schülergruppe C

4. Zur Weiterführung

- Verfeinerung der lesetechnischen, sprecherischen und musikalischen Gestaltung des Gedichtes,
- Schriftgestaltung des originalen Textes, der erfundenen 4. Strophe und des umgeschriebenen Ich-Gedichtes (Gedichtheft oder –sammlung),
- Arbeitsblatt[3] (siehe unten u. KV 2 / S. 27 – ohne Zeichnungen); Bildkästchen 4 und Wortkärtchen 4 (Frühling oder Winter) festlegen.

---

[1] Hans Baumann: Schneemann und Sonne. Aus: Eins zu Null für uns Kinder, München: DTV 1975.

[2] Hans Baumann, geb. 22.04.1914 in Amberg/Oberpfalz, gest. am 07.01.1988 in Murnau, erfolgreicher Kinder- und Jugendbuchautor, Lyriker, Übersetzer, Komponist. Über 80 Titel Jugendbücher und Sachbücher, ca. 15 Gedicht- u. Liederbücher, 4 Dramen, über 50 Übersetzungen aus dem Russischen.
Werke u.a.: „Ich zog mit Hannibal“ (1960), „Der Kindermond“ (1968), „Wolkenreise für den König“ (1968), „Buchstaben zu verkaufen“ (1970), „Ein Stern für alle“ (1971), „Mein erstes Vorlesebuch: Märchen“ (1988), „Piratenkid“ (1989).

[3] Vorschlag zur bildkünstlerischen Interpretation von Peter Högler. In: Oswald Watzke (Hrsg.): Gedichte in Stundenbildern 1. Donauwörth 1999, 3. Aufl. vgl. S. 44.
Bildzitat zur Erinnerung an den lieben Kollegen und Freund Peter Högler (1935-2003)!

Schneemann und Sonne

1	Schneemann

2	Sonne

3	Tauwetter

4	Frühling

Gedichte	Name:	am:

Schneemann und Sonne

Sagt nur, wie viel weiße Hemden
hat der Schneemann an?
Hat er 1, 2, 3, 4, 5, 6, 7
oder hundert Hemden an?

Sonne hat viel tausend Augen
und sie sieht's ihm an:
Hat er 1, 2, 3, 4, 5, 6, 7
oder hundert Hemden an?

Sonne zieht dem kugelrunden
Schneemann vor dem Haus
seine 1, 2, 3, 4, 5, 6, 7
oder hundert Hemden aus.

Hans Baumann

1. Lies bitte dieses Gedicht still für dich! Einmal, zweimal, dreimal!
2. Was denkst du, was fühlst du dabei? Was meinst du dazu?
3. Lest danach bitte dieses Gedicht laut vor! Auch einzeln und im Chor!
4. Sprecht darüber! Über die Sonne, den Schneemann, seine „Hemden“ …!
5. Überlegt, was ihr mit diesem Text alles „machen“ könnt!

Gedichte | Name: ____________ am: ________

Schneemann und Sonne

1	

2	

3	

4

1. Lest das Gedicht über den Schneemann und die Sonne noch einmal durch!
2. Beantwortet dann folgende Fragen:
   Strophe 1: Wer hat „weiße Hemden" an?
   Bildkästchen 1: Welches Wortkärtchen passt? Klebe es auf!
   Strophe 2: Was sieht mit „tausend Augen"?
   Bildkästchen 2: Welches Wortkärtchen passt? Klebe es auf!
   Strophe 3: Welches Wetter tritt jetzt ein?
   Bildkästchen 3: Welches Wortkärtchen passt? Klebe es auf!
   Bildkästchen 4: Welche Jahreszeit folgt nach dem Winter?

			Winter
Schneemann	Sonne	Tauwetter	Frühling

3. Malt jetzt in die drei Kästchen das richtige Bild! Was passt in das Bildkästchen 4?
   Eine Frühlingsblume? Ein Frühlingsvogel? Du selbst? Oder: ____________

8. Christian Morgenstern: „Der Frühling kommt bald“

1. Zum Text

Dieses zweistrophige Frühlingsgedicht[1] ist, so interpretiert Klaus C. Haase[2], „zugleich deutliche Absage an den lange ertragenen Winter **und** begeisterter Lobpreis des erwarteten Frühlings. Die Grundsituation der Dichtung ist eine weitgehend dramatische: Mittels Imperativ wird der Winter zum Rücktritt von der Macht („dein Reich ist vorbei“), zum Weichen („geh hinter“) aufgefordert. Das Leben verdeckende, Starre verbreitende Eis ist gebrochen und flussabwärts geschwommen; als zarte, aber auf Zeit doch siegreiche Frühlingsboten zeigen sich ‚die Blümlein‘ und das junge Grün des Waldes. Das dreizeilige Finale beschreibt den Jubel der gesamten Vogelwelt über den Einzug des Wonnemonats Mai.
Formal wird das Gedicht durch ein in beiden Strophen überaus konsequent durchgeführtes Bauprinzip charakterisiert: Die Kurzverse 1 und 2 jeder Strophe sind absolut identisch, in den Versen 3 bis 6 jeder Strophe sind Versmaß sowie Rhythmuswechsel (gegenüber Vers 1 und 2) und das Reimschema völlig gleich. Reimschema der Strophen: Reimpaar aa (klingend), Reimpaar cc, umarmender Reim bccb (stumpf, klingend, stumpf).
Der Versmaßwechsel in beiden Strophen entspricht der Polaraität der inhaltlichen Aussage: Die trochäischen (falltonigen) Begriffe ‚Winter‘, ‚hinter‘ nach dem Auftakt, die Schwere und Bedrückung unterstreichen, werden abgelöst durch – wiederum nach Auftakt – die daktylischen Verse 3-6 (‚Frühling kommt‘, ‚Eis ist ge-‘, ‚Blümlein sind‘) und 9-12 (‚Reich ist vor-„ ‚Vögelein‘, ‚jubelndem‘, ‚-künden den‘). Diese bringen aktive Bewegung, positive Zukunftsorientiertheit in den rhythmischen Ablauf des Sprachkunstwerkes hinein.“

2. Zur Intention

Die Grundstimmung dieses kleinen Sprachkunstwerkes wird geprägt von der Freude des Dichters auf den Frühling und damit auf „den Wiederbeginn des Lebens in allen Bereichen der Natur“ (Pflanzenwelt, Tierreich und – zwar nicht dargestellt, jedoch gemeint - Menschenreich).[3]
Inwieweit die Kinder einer 3. Klasse diese Freude nach- oder miterleben und die Botschaft vom Werden (und Vergehen) erahnen können, wird sich im Schulversuch zeigen. Erfahrungsgemäß gelingt dies ansatzweise im Zuhören beim Vortragen, im stillen Nachlesen, im eigenen Sprechen (und Singen) des Gedichtes, im Gedankenaustausch und während der Mitarbeit in einer frei gewählten Gruppe.

Intentionen im Einzelnen:

- die Freude des Dichters erspüren,
- die Anzeichen des Jahreszeitenwechsels feststellen,
- Freude an einer persönlichen Umgangsart mit dem Frühlingsgedicht (aus dem 19. Jahrhundert) haben!

3. Zur Realisierung

Zum Einstieg

Gespräch: Wetterbeobachtung: Wechsel der Jahreszeiten, Erlebnisse …
Zielangabe (TA): Der Frühling kommt. Gedicht von Christian Morgenstern (1871-1914).

Zur Textbegegnung und Aussprache

Zweimaliger, ausdrucksstarker Lehrervortrag, Spontanäußerungen der Kinder, stilles Nachlesen (KV 1 / S. 29), freie und gelenkte Aussprache („Was sieht, hört, riecht, fühlt der Dichter?“)

Zur Textumgangsart (nach Wahl)

Im Sinne der „Werkstattmethode“ können die Kinder die Art ihres Gedichtumgangs selbst bestimmen, indem sie „ihre Gruppe“ aus dem folgendem Angebot auswählen[4]:

Die Beobachtergrupppe untersucht in diesem u. evtl. anderen Frühlingsgedichten die Farben, die Boten, die Düfte, die Grundstimmung.
Die Sprech- oder Vortragsgruppe bemüht sich um eine angemessene Sinn- und Klanggestaltung (mit mimischem, gestischem Sprechen).
Die Musikgruppe gestaltet musikalisch das Gedicht, indem sie eine Melodie oder einen Sprechgesang erfindet – und auf einen Tonträger aufnimmt.
Die Bastel- und Malgruppe stellt Wortkärtchen mit Reimwörtern und Satzstreifen mit Versen her, evtl. auch Bilder der Handlungsträger (Blümlein, Vögelein …).
Die Spielgruppe bereitet eine Inszenierung des Textes vor (Rollen, Requisiten, Performance) – und filmt diese.
Die Schreibgruppe gestaltet in Schreib- oder Druckschrift das Lieblingsgedicht und illustriert es (Schmuckblatt, Geschenkblatt).
Die Dichtergruppe versucht eigene Reimpaare, Verse und Strophen zu erfinden, ein eigenes Frühlingsgedicht zu gestalten – und trägt es vor.

Die gemeinsame Zusammenführung der Einzel-, Partner- oder Gruppenarbeiten erfolgt durch die Präsentation und Wertung im Klassenverband.

4. Zur Weiterführung

- Verfeinern der Produkte der Werkstattarbeit,
- diese einbringen in ein Frühlingsfest.

---

[1] Christian Morgenstern: Der Frühling kommt bald. Aus: Sämtliche Werke. München: Piper 1965. Vita S. 31.
[2] Klaus C. Haase/ Oswald Watzke: Christian Morgenstern: Der Frühling. In: Oswald Watzke (Hrsg.): Gedichte in Stundenbildern 3. Donauwörth 2004, 5. Aufl. S. 53.
Zitat zur Erinnerung an den lieben Kollegen und Freund Claus C. Haase (1931-2007)!
[3] Haase, a.a.O., vgl. S. 53.
[4] Oswald Watzke: Frühlingsgedichte – mit Vergnügen. In: Grundschulmagazin. Oldenbourg, München. Heft 3/1998, vgl. S. 17-18.

 Name: ______________ am: ______________

Der Frühling kommt bald

Herr Winter,
geh hinter,
der Frühling kommt bald!
Das Eis ist geschwommen,
die Blümlein sind kommen
und grün wird der Wald.

Herr Winter,
geh hinter,
dein Reich ist vorbei!
Die Vögelein alle,
mit jubelndem Schalle,
verkünden den Mai.

Christian Morgenstern

9. Christian Morgenstern: „Fips“

1. Zum Text

Im Mittelpunkt des Gedichtes[1] steht der kleine Hund Fips, dem der Dichter menschliche Züge zuspricht. Durch die für einen Hund ungewöhnlichen Zubehöre wie Glöckchen und Schlips verändert sich dessen Verhalten. Der Name Fips signalisiert einen kleinen, pfiffigen Hund. Während die beiden ersten Strophen die äußerliche Veränderung des Hundes beschreiben, zeigen die beiden letzten dessen verändertes charakterliches Verhalten.
Ein Spannungsbogen zieht sich jeweils über die ersten beiden Verse und flacht dann im dritten Vers ab. Jede der vier Strophen enthält jeweils einen Paarreim. Vers 3 und 6 sowie 9 und 12 reimen sich – umarmend - ebenfalls.

2. Zur Intention

Kinder haben einen besonderen Bezug zu Tieren, vor allem zu Hunden. Dass ein Hund geschmückt wird, erheitert. Das Verhalten von Fips ist nachvollziehbar und kann auch auf Menschen übertragen werden. Es bietet sich an, das Geschehen im Spiel nachzuvollziehen, sowie im Lied durch Singen mit Begleitung auszudrücken.

Intentionen im Einzelnen:

- Erfassen des Inhalts und Gehalts,
- identifizieren mit Fips und kritische Bewertung seines Verhaltens,
- die Inhaltsproblematik auf Menschen übertragen,
- sinngestaltendes Vortragen, Spielen und Singen des Gedichtes.

3. Zur Realisierung

Zur Motivation

Bildimpuls (Poster bzw. Foto) eines kleinen „frechen“ Hundes oder Hörimpuls „Kläffen“. Die Kinder äußern sich frei und berichten von Erlebnissen. Impuls: „Der Hund hat einen Namen!“ Schülervorschläge. Tafelanschrift „Fips“ mit Hinweis auf Christian Morgenstern (TA).

Zur Textbegegnung

Lehrervortrag (frei und heiter; evtl. zweimal). Nach Spontanäußerungen bringt ein Kind bei Fips an der Tafel Glöckchen und Schlips an. Die Kinder lesen das Gedicht still (KV 1 / S. 32).

Zur Texterschließung

1. Analyse des Inhalts und Gehalts
Leitimpuls: „Tante und Onkel hatten den kleinen Fips gerne!“ Die Kinder lesen die entsprechenden Stellen im Text vor. Begriffserklärung: Aug- und Ohrenweide (Weide: etwas Gutes zu fressen für Tiere, also schön anzusehen und schön zu hören). Impuls: „Das Verhalten von Fips hat sich durch die Geschenke verändert!“ Beleglesen. Begriffserklärung: „Hoffart“ (Hochnäsigkeit, Eitelkeit, Stolz) durch Schülerdemonstration (Kopf erhoben, Kinn emporgestreckt). Erkenntnis: „Glöckchen und Schlips haben Fips verändert.“
Der Impuls „Ihr könnt euch vorstellen, was der Kaufmann dachte, als er Fips so sah!“ regt an, dessen Gedanken zu formulieren.
Übertragung auf den Menschen durch Satzanfang: „Ein kleines Kind mit Namen Ruth erhielt vom Onkel einen …“ (siehe S. 31). Die Kinder ergänzen die fehlenden Begriffe im Lückentext. Beide Fassungen (Original- und Parallelgedicht) werden miteinander verglichen und reflektiert.
Erkenntnis: „Das Verhalten von Fips ist auf Menschen übertragbar (Kleidung verändert auch menschliches Verhalten)“. TA:

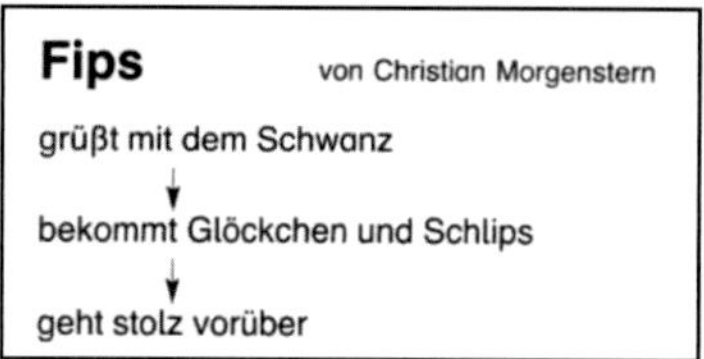

2. Analyse der äußeren Form
„Es gibt einen Grund, warum Morgenstern ‚Schlips‘ schreibt und nicht ‚Krawatte‘“. Dieser Impuls macht die Kinder auf die Reime (und evtl. das Reimschema) aufmerksam. In Stillarbeit werden die Reimwörter herausgefunden und jeweils mit gleicher Farbe markiert bzw. auf Wortkärtchen herausgeschrieben (für spätere Reimspiele).

Zur Textgestaltung

1. Sprecherische Gestaltung
Mit dem Partner üben die Kinder einen sinngestaltenden Vortrag ein, wobei das zeilenübergreifende Lesen zu üben ist. Impuls: „Lies so, dass man merkt, dass Fips stolz ist.“ (Ausrufesatz. Pause nach „Den grüßte Fips sonst mit dem Schwanz.“ usw.).

2. Musikalische Gestaltung
Nach gelungenen Sprechgestaltungsversuchen wird dieses Erzählgedicht in Szene gesetzt und gesungen. Empfehlenswert hierfür ist die Melodie von Gustav Gunsenheimer[2] (S. 31).

3. Literarische Gestaltung
Angeregt vom Parallelgedicht[3] „Ruth“ verfassen die Kinder (in Allein- oder Partnerarbeit) ein eigenes Erzählgedicht, indem sie neue Namen (für Tiere und Menschen) und Gegenstände einsetzen.

Ruth

Ein kleines Kind mit Namen Ruth,
erhielt vom Onkel einen *Hut*
aus gelb‘ und roter Seide.

Die Tante aber hat, o denkt,
ihr noch ein Glöckchen drangehängt
zur Aug‘- und Ohrenweide.

Hei, war die kleine *Ruth* da stolz!
Das merkt sogar der Kaufmann Scholz
im Hause gegenüber.

Den grüßte *Ruth* sonst mit der *Hand*,
jetzt ging sie voller Hoffart ganz
an seiner Tür vorüber.

Maria Werner

4. Zur Weiterführung

– Verfeinern des Sprech- und Liedvortrags,
– Ausarbeiten der Parallelgedichte und deren Einbeziehen in Sprech-, Spiel- und Liedvortrag.

---

[1] Christian Morgenstern: Fips. Aus: gesammelte Werke. München: Piper 1965.
Christian Morgenstern, geb. 1871 in München, gest. 1914 in Meran, Lyriker, Satiriker, Werke u.a.: „Galgenlieder“ (1905), „Palmström“ (1910), posthum: „Palma Kunkel“ (1916), „Alle Galgenlieder“ (1932).

[2] Lied: „Ein kleiner Hund“ aus der Kantate „Von allerlei Tieren“ von Gustav Gunsenheimer. München: Strube Verlag Ed. 5017, S. 3.
Anmerkung: Im Original mit Vor- und Nachspiel.
Verleger, Herausgeber und Verfasserin sind dem Komponisten Gustav Gunsenheimer und dem Strube Verlag für die freundliche Abdruckgenehmigung sehr dankbar.

[3] Maria Werner: Ruth (Originalbeitrag).

Gedichte | Name: ______________________ am: __________

Fips

Ein kleiner Hund mit Namen Fips
erhielt vom Onkel einen Schlips
aus gelb‘ und roter Seide.

Die Tante aber hat, o denkt,
ihm noch ein Glöcklein drangehängt
zur Aug‘- und Ohrenweide.

Hei, ward der kleine Hund da stolz!
Das merkt sogar der Kaufmann Scholz
im Hause gegenüber.

Den grüßte Fips sonst mit dem Schwanz;
jetzt ging er voller Hoffart ganz
an seiner Tür vorüber.

Christian Morgenstern

10. Christel Süßmann: „Sommerhitze"

1. Zum Text

In den sieben Strophen des Sommer-Gedichtes[1] mit einem Klammerreim in jeder Strophe (abcb) preist Christel Süßmann[2] das Badengehen, beschreibt sie genau die Badefreuden, indem sie stimmige Verben (brausen, schwimmen, spritzen, springen, tauchen, plantschen) und Nomina (Sommerhitze, Eis, Schwimmbad, Sonnenschein, Wasserplantschen, Ferienzeit ...) gebraucht.
Der vierfüßige Trochäus sorgt für einen bewegten lebensbejahenden Rhythmus, für eine lebensfrohe Grundstimmung, die verstärkt im Lied[3] zum Ausdruck kommt.

2. Zur Intention

Christel Süßmann, eine bekannte Kinderlyrikerin und Kinderbuchautorin, trifft mit ihrem volksliedhaften Sommergedicht so recht die Stimmungslage der Schulkinder in den letzten Tagen des Schuljahres – ganz unbeschwert und ungetrübt von etwaigen Zeugnisproblemen - : Sommerhitze, Badefreuden, Ferienzeit!
Diese fröhliche Grundstimmung sollen die Kinder nachempfinden, durch ihre sinngemäße Klanggestaltung zum Ausdruck bringen, durch eine kurze Sprachbetrachtung der stimmigen Verben und Nomina gedanklich festigen und durch die Liedgestaltung (mit mimischen, gestischen und szenischen Darstellungen) vertiefen.

Intentionen im Einzelnen:

- Spaß am Lesen, Sprechen und Singen haben,
- die Stimmigkeit der Wortwahl feststellen,
- Freude am Collagieren des Gedichtes haben.

3. Zur Realisierung

Zur Einstimmung

Brainstorming zu „Sommerhitze" (TA). „Pack die Badehose ein …" (Schallplatte oder Kassette).

Zur Textbegegnung

Heiterer Lehrervortrag. Wiederholung (mit Musik)! Stilles und lautes Nachlesen (KV 1 / S. 34).

Zur Texterschließung

1. Teilziel: Freie Aussprache
Nach der spontanen und freien Aussprache die Frage „baden gehen oder Eis" beantworten lassen, und zwar aus dem Text heraus und nach eigenen Erfahrungserlebnissen.

2. Teilziel: Klanggestaltung
Gemeinsames Erlesen der Klanggestalt, wobei

a) Rufzeichen, Fragezeichen, Gedankenstriche, Betonung, Tempo, Dehnung („**so** weit") und Tonfall besonders beachtet werden und
b) das Sprechen von Mimik, Gestik und Pantomime sinngemäß begleitet wird.

3. Teilziel: Kurze Sprachanalyse
In drei Abteilungen befassen sich die Kinder (in einer Extra-Stunde!) mit einem der drei Leseaufträge. „Markiert farbig im Text
1. die Reimwörter (mit Grün).
2. die Tunwörter des Wortfeldes ‚baden' (mit Blau),
3. die Namenwörter zu ‚Sommerhitze' (mit Gelb)!"

Präsentation: Berichten; Eintragen der Markierungen. Die anderen aber tragen diese Markierungen auf ihr Gedichtblatt ein (z. B.):

1. Reimwörter (alle Strophen):

heiß	tät	klar	her	die	geschnappt	weit
Eis	geht	wahr	Meer	nie	geklappt	Zeit

2. Wortfeld „baden" (Strophen 5 und 6):

brausen	schwimmen	spritzen	tauchen
Luft schnappen	vom Brett springen		

3. Wortfeld „Sommerhitze" (alle Strophen):

Eis	Schwimmbad	Wasser	Badehose
Meer	Freude	Sonnenschein	Wasserplantschen

4. Zur Weiterführung

- das Sommergedicht bildkünstlerisch interpretieren durch eine Collage,
- Gedicht-, Lied- und Szenenspiel-Vortrag verfeinern,
- Gedichtsammlungen und Lesebücher nach Sommergedichten durchsuchen – und schöne Beispiele vorlesen,
- zum Thema „Sommerhitze" und „Ferienzeit" „Elfchen"[4] „dichten" (KV 2 / S. 35).

[1] Aus: Hallo, hier Kinderlandhausen. Stuttgart: Boje 1966.
[2] Christl Süßmann, geb. am 18.1.1922 in Berlin (als Sabine Böhringer), lebt in Karlsruhe, Malerin, Kinderbuchautorin.
Werke u.a.: „Kunterbunte Kinderkiste" (1967), „Der glückliche Pedro" (1973), „Was raschelt da im Wald" (1979).
[3] Aus: Ingeborg Becker: Die Liederkutsche. Frankfurt a.M.: Diesterweg 1981.
[4] Siehe hierzu: Oswald Watzke (Hrsg.): Gedichte in der Grundschule. Band 1: Gedichte in der 1. und 2. Klasse. Friedberg: Brigg 2017.

Gedichte | Name: ______ am: ______

Sommerhitze

Hier hat eine Collage Platz:

Kinder, ist das eine Hitze!
Kinder, ist das heute heiß!
Nur zwei Sachen gibt's, die nützen:
baden gehen oder Eis.

Beides ist nicht zu verachten.
Wüsst ich doch, was besser tät –
wenn man Eis kauft oder lieber
für das Geld ins Schwimmbad geht.

An 'ner Waffel lutsch ich höchstens
zehn Minuten, das ist klar!
Doch wie kühlend ist es, wenn ich
lange Zeit im Wasser war!

Darum nur nicht lang gefackelt,
schnell die Badehose her!
Ist auch unser kleines Schwimmbad
leider nicht das große Meer.

Ah, was macht das Baden Freude!
Hitze? Pah, was stört uns die?
Und wir brausen, schwimmen, spritzen,
springen, tauchen wie noch nie.

Über Wasser, unter Wasser!
Nur recht kräftig Luft geschnappt.
Ja, sogar vom Brett zu springen,
hat heut endlich mal geklappt.

Morgen geh'n wir wieder baden –
und der Winter ist so weit!
Sonnenschein und Wasserplantschen!
Herrlich ist die Ferienzeit!

Christel Süßmann

Kin - der, ist das ei - ne Hit - ze! Kin - der, ist das heu - te heiß!
Nur zwei Sa-chen gibts, die nüt - zen: ba - den ge - hen o - der Eis.

Melodie: Ingeborg Becker Text: Christel Süßmann

Gedichte | Name: ____________ am: ________

Ferien-Elfchen

Bauplan

Ferien	☐
im Gebirge.	☐
Wenn es regnet:	☐
Ich warte im Haus.	☐
Sonne!	☐
	☐

1. *Lies dieses Gedichtchen!*
   Zähle die Wörter pro Zeile!
2. *Trage die Zahl in die Kästchen ein!*
   Zähle zusammen:
3. *Jetzt weißt du, warum dieses Gedichtchen ________ heißt.*

Wir „basteln“

Voll beladen
Fahrt ans Meer
Auto
Ferienzeit
Ich freue mich sehr

1. *Lies diese Streifen und schneide sie aus!*
2. *Klebe sie nach dem Bauplan 1, 2, 3, 4 und 1 untereinander!*
3. *Lies jetzt das Gedichtchen vor und sprecht darüber!*

Kannst Du auch ein Ferien-Elfchen schreiben?

Mein Bild:

Bauplan:

Überschrift: ________

Ein Wort: ________

Zwei Wörter: ________

Drei Wörter: ________

Vier Wörter: Ich ________

Ein Wort: ________

Verfasser: ________

11. Friedl Hofbauer: „Die Muschel“

1. Zum Text

Das fantasievolle Gedicht[1] von Friedl Hofbauer[2] ist der Geschehenslyrik und der Naturlyrik zuzuordnen. Das Geschehen spielt sich im Reich der Fantasie ab. Der reale Gegenstand – die Muschel – lässt in der Fantasie der Dichterin (des Lesers) Bilder aufkommen und Dinge geschehen, die sich schließlich als Traum entpuppen. Das Gedicht lässt viel Raum für kindliche Fantasie und Kreativität. Strophe 1 berichtet, dass die Dichterin sich – wie Kinder es auch gerne tun – eine Muschel ans Ohr hält und dabei das „Meer brausen und rauschen hört“. In Strophe 2 erscheinen Wellen, ein Segelschiff bläht sich im Wind, ein Dampfer pfaucht (Bewegung). Schließlich taucht der Hai auf (drohendes Unheil). In Strophe 3 wird die Dichterin aktiv, versucht den Hai zu fangen. Doch dieser verschluckt alles. Das Herabfallen der Muschel aus der eigenen Hand beendet den Traum, der böse hätte enden können.

Im Gedicht ist eine Steigerung erkennbar: Zunächst die leise, stille Muschel, dann die Wellen, die Schiffe, dann der Hai. Ein Spannungsbogen zieht sich über die Strophen 1 und 2 und flacht dort ab. (Der Dampfer zieht vorbei, der Hai schwimmt nur.) Dieser Hai ist es aber, der diesen Spannungsbogen dann weiter bis zur Strophe 4 führt.

Strophe 1: Muschel rauscht … Meer braust …
Strophe 2: Wellengischt, springt, zischt, …
Hai schwimmt …
Strophe 3: Hai öffnet den Schlund, schluckt …
Muschel fällt …
Alles weg …

Die Muschel ist der Auslöser für das Abschweifen der Gedanken in eine andere Welt. Sie ist es auch, die in die Realität zurückführt.

Zur Form: Strophe 1, bestehend aus sechs Versen, die sich paarweise reimen, weist einen unregelmäßigen Rhythmus auf, nämlich den Wechsel von jambischen und daktylischen Versfüßen. Strophe 2, ebenfalls aus drei Reimpaaren gebildet, ist gekennzeichnet vom vierhebigen Jambus, wobei Vers 5 nur zwei Hebungen besitzt, um die Spannung zu erhöhen. Strophe 3, die 8 Verse (mit Vers 7 „vor Schreck“ einen Kurzvers) in 4 Reimpaaren aufweist, ist jambisch mit zwei bis sieben Hebungen pro Zeile.

Besonders auffallend sind die lautmalenden und treffenden Zeit- und Namenwörter: Gischt: helle kurze i-Laute (blitzt, zischt, springt), Dampfer: dunkel, schwerer Umlaut au (pfaucht, schmaucht), Hai: dunkle u-Laute (schluckt, Grund, Schlund).

2. Zur Intention

Es bietet sich an, das Gedicht vor (oder nach) den Ferien zu behandeln. Viele Kinder kennen das Meer und wissen davon zu erzählen. Es hat für Kinder große Anziehungskraft. Muscheln werden gesammelt und mit nach Hause genommen.

Das Gedicht eignet sich gut, um von den Kindern den Inhalt antizipieren zu lassen. Die Muschel ist Auslöser, still zu werden, zu horchen und innere Bilder entstehen zu lassen. Eigene Erlebnisse und Beobachtungen können einfließen. Kinder kennen auch das befreiende Gefühl, wenn bedrohliche Bilder in der Fantasie auftauchen und schließlich alles nur ein Traum, wenn auch ein Albtraum, war.

Intentionen im Einzelnen:

- den Inhalt des Gedichtes antizipieren,
- die „Bilder“ mit denen der Dichterin vergleichen,
- treffende Zeitwörter heraussuchen,
- das Gedicht klanggestaltend vortragen,
- Freude an geformter Sprache empfinden.

3. Zur Realisierung

Zur Einstimmung / Antizipation

Im Sitzkreis erhalten die Schüler je eine Muschel. Sie erzählen zunächst von Ferienerlebnissen, vom Sammeln von Muscheln usw. Dann werden alle still, schließen die Augen und halten sich die Muschel ans Ohr. Hinweise der Lehrkraft: „Wenn wir ganz still sind, kann uns unsere Muschel etwas erzählen. Wir können dabei viele Bilder sehen.“ Die Kinder berichten von ihrem „Erleben“. An der Seitentafel werden Stichpunkte ihrer Erzählungen festgehalten.

Alternative: Musikhören (Meeresrauschen), Erzählen über die Eindrücke, Gefühle, Stimmung, …

Zielangabe: TA: „Die Muschel“, „Friedl Hofbauer“.

Zur Textbegegnung

Die Lehrkraft trägt die ersten beiden Strophen vor. Die Kinder äußern sich spontan, vermuten, wie es weitergehen könnte. Es folgt der Vortrag der Strophe 3. Der Text (KV 1 / S. 38) wird ausgeteilt und nochmals still gelesen.

Alternative: stilles Lesen, dann lautes Vorlesen durch die Kinder.

Zur Textdurchdringung

1. Teilziel: Inhalt und Gehalt

Zunächst wird das Gedicht mit den zuvor festgehaltenen Stichwörtern (Antizipation des Inhalts) verglichen. Viele Bilder, die wir zu Beginn uns vorstellen, sah die Dichterin auch! Die Kinder vergleichen, ergänzen die Tafelanschrift. Leitimpulse veranlassen sie, im Text nachzulesen und die entsprechenden Stellen aufzusuchen. Solche Impulse können sein: „In der Strophe 1 ist es noch ruhig. In Strophe 2 wird es bewegter! Sucht die Stelle, wo das drohende Unheil angekündigt wird!“

Die Kinder suchen die Zeile, in der es sehr gefährlich wird (Strophe 3, Vers 3.) Die Kinder versetzen sich in die Lage der Dichterin: „Ihr könnt euch denken, wie der Dichterin zumute war! Eigentlich müsste sie keine Angst haben! Ein Geräusch bringt sie in die Wirklichkeit zurück." Es war nur ein Traum … Gemeinsam wird überlegt, weshalb das Gedicht „Die Muschel" heißt.

2. Teilziel: Äußere Form
Die Kinder suchen und unterstreichen in Still- oder Partnerarbeit die Reimwörter. Zur Differenzierung können schnelle Kinder weitere Reimwörter finden.
„Die Dichterin sah Bilder, hörte viele Geräusche und erlebte Gefühle …".
Dieser Impuls zum gelenkten Unterrichtsgespräch veranlasst die Kinder, die Zeitwörter herauszusuchen und den Namenwörtern an der Tafel zuzuordnen. Sie finden heraus, dass sie sehr treffend und lautmalend sind.

3. Teilziel: Erarbeitung der Tafelanschrift
Die Kinder schreiben – evtl. in einer Extra-Stunde – die betreffenden Tunwörter[3] auf Wortkärtchen, heften diese an die Tafel, evtl. ins Tafelbild, z. B.:

rauschen	rauscht
brausen	braust
zischen	zischt

usw.

Die Muschel

Steigerung, Spannung, Bedrohung

Meer	rauscht braust zischt
Sand	knistert
Wellengischt	blitzt zischt springt hüpft
Segelschiff	bläht sich
Dampfer	pfaucht, schmaucht
Hai	schwimmt öffnet Schlund, schluckt

Traum

4. Teilziel: Klanggestaltung
Erarbeitet wird das die Zeilen übergreifende Lesen (Strophe 2 / Vers 5, Strophe 3 / Vers 3). Strophe 1 wird ruhig und langsam gelesen, Strophe 2 etwas schneller, erregter; Strophe 3 mit Spannung; vor letztem Vers eine kleine Pause einlegen!
Mehrere Gestaltungsversuche, Schlussvortrag!

4. Zur Weiterführung

- Auswendiglernen des Gedichtes, Vortrag mit Sprechchor und Orff-Instrumenten untermalen,
- Kunsterziehung: Thema „Muscheln im Sand" gestalten lassen,
- Hinweise zur Freiarbeit:

1. Lies dir das Gedicht durch. In diesem Gedicht gibt es Wörter, die du malen kannst. Schreibe das Gedicht auf und zeichne dabei einige Wörter - anstatt sie zu schreiben. Z. B.:

2. Vergleicht anschließend eure Gedichte und macht eine Ausstellung!

3. Dieses Gedicht eignet sich auch, einzelne Wörter oder Sätze mit Geräuschen oder Tönen zu unterstützen.
   Z. B.: Es rauscht das Meer – Glissando auf dem Bassxylophon.

4. Suche dir passende Orff-Instrumente und andere Gegenstände, mit denen du das Geschehen hörbar machen kannst. Du kannst auch deine Stimme einsetzen.

---

[1] Friedl Hofbauer: Die Muschel. Aus: Friedl Hofbauer: Die große Wippschaukel. Wien: Herder o.J.
[2] Friedl Hofbauer, geb. 1924 in Wien, bekannte österreichische Kinder- und Jugendbuchautorin, Werke u.a.: „Eine Liebe ohne Antwort" (1964), „Der Brummkreisel" (1969), „Zwei Kinder und ein Mondkalb" (1972), „Der Benzinsäugling" (1973), „Das Land unter dem Kofferberg" (1977), „Spielgedichte" (1980), „In meinem Garten rundherum" (1981).
Weitere Auskünfte in: Lexikon der österreichischen Kinder- und Jugendliteratur, Band 1, hrsg. vom Internationalen Institut für Jugendliteratur und Leseforschung. Wien 1994, vgl. S. 39.
[3] Hinweis auf sprachliche Besonderheit:

österreichisch:	pfauchen
hochdeutsch:	fauchen

Gedichte	Name: ______________ am: ________

Die Muschel

Ich hab eine Muschel, die halt ich ans Ohr.
Es rauscht in der Muschel, es rauscht im Ohr.
Es rauscht das Meer, es knistert der Sand.
Ich halte die Muschel in der Hand.
Die Muschel ist schwer, sie ist nicht leer,
in meiner Muschel braust das Meer.

Es braust und rauscht, es blitzt und zischt,
es springt und hüpft der Wellengischt.
Ein Segelschiff bläht sich im Meer,
ein Dampfer pfaucht und schmaucht daher
und zieht vorbei
und hinter ihm, da schwimmt ein Hai.

Ich werfe meine Angel aus und will den Hai erwischen.
Das Meer beginnt zu zischen,
der Haifisch öffnet seinen Schlund
und schluckt das Meer samt Meeresgrund,
er schluckt den Strand.
Die Muschel fällt mir aus der Hand
vor Schreck,
und Meer und Hai sind weg.

Friedl Hofbauer

12. James Krüss: „10 000 große Pausen“

1. Zum Text

James Krüss thematisiert in diesem Mitweltgedicht[1] „Schule und Ferien“. Der erste Teil enthält die Abschiedsworte eines Kindes (oder dreier Kinder) an die Lehrkräfte, die jeweils in Vers 1 der Strophen 1, 2, 3 direkt angesprochen werden. Die Schülerinnen und Schüler fühlen sich nun frei von Schulangst, Schulstress und Schulpflicht. Sie denken sogar etwas spöttisch und ironisch an das erste Aufsatzthema im neuen Schuljahr.
Im zweiten Teil, bestehend aus der Strophe 4, gewinnen die Schulkinder nun vollkommen Abstand zur Schule, indem sie im Chor Ferienpläne schmieden. Freilich können sie sich doch nicht ganz lösen; denn Ferien sind für sie ja nur eine Pause.
Dennoch schwingt ein besonders fröhlicher Grundton mit. Er wird einmal erzeugt durch die Schlüsselwörter („Lehrer, „Lehrerin“, „auf Wiedersehen“, „allerschönste Zeit“, „keine Schularbeit“, „nicht bange“, „nächster Aufsatz“, „schönste Ferientage“, „warmer Sand“, „nicht grausen“, „vor uns“, „große Pausen“). Zum anderen wird er rhythmisiert durch den 8/8- und 6/8-Takt (mit einer zusätzlichen Senkung) im trochäischen Versmaß. Rhythmus und Reime sind so fließend, dass man leicht eine Melodie zum Text erfinden könnte.

2. Zur Intention

Das Thema „Schule und Ferien“ berührt Lehrkräfte und Schulkinder gleichermaßen, vor allem dann, wenn die Sommerferien vor der Tür stehen. Doch trotz aller mitschwingenden Freude sollte man nicht vergessen, dass am Schuljahresende nicht für alle Kinder eine „heile Welt“ besteht. Einige Kinder werden wegen schlechter Zeugnisse oder gar wegen der Nichtversetzung an erheblichen Konflikten, Sorgen oder Ängsten zu leiden haben. Deshalb sollte das heitere Gedicht zum Anlass genommen werden, nicht nur über schöne Ferienpläne, sondern auch über schlimme Schulsorgen zu sprechen.
Erst dann sollte man sich wieder der Fröhlichkeit, die das Gedicht vermittelt, zuwenden und diese durch klanggestaltendes Sprechen, Erfinden und Singen einer Melodie, eventuell begleitet vom Orff'schen Schulwerk, verstärkt ausdrücken.
Neben dieser klang- und ausdrucksgestaltenden Methode wird versucht, über das Erschließen durch Leitfragen und durch Arbeitsaufträge die textlinguistische Methode heranzuziehen. Mit ihrer Hilfe kann vielleicht verdeutlicht werden, dass die o.g. Schlüsselwörter Inhalt, Form und Aufbau des Gedichtes bestimmen.

Intentionen im Einzelnen:

- durch Hören, Sprechen und Singen Freude an diesem Gedicht erleben,
- sich über Schulprobleme (Noten, Mobbing) aussprechen,
- über Ferienpläne erzählen,
- die Schlüsselwörter, die Inhalt, Form und Aufbau des Monolog-Gedichtes bestimmen, entdecken,
- eine Strophe zu diesem „Ferien-Gedicht“ hinzu-„dichten“.

3. Zur Realisierung[2]

Zur Hinführung

1. Stummer Impuls (Tafelanschrift): „10 000 große Pausen“. Aussprache.
2. Frage: „Wie lange ist das eigentlich?“ Die Kinder schätzen, die Lehrkraft rechnet und teilt mit: „Wenn eine große Pause 15 Min. dauert, dann sind 10000 Pausen hintereinander 104 Tage.“ Kinder: „Das ist länger als die langen Sommerferien …“
Alternative: Bildimpuls (siehe Textillustration auf KV 1 / S. 41). Freie Aussprache.
3. Zielangabe: „Darüber lernen wir heute ein Gedicht kennen, das James Krüss (TA) geschrieben hat.“

Zur Textbegegnung

1. Teilziel: Stilles Erlesen
Die Kinder lesen still die Textvorlage, sprechen sich frei aus, äußern sich zur Grundstimmung.

2. Teilziel: Erste Sprechgestaltungsversuche
Mehrere Kinder versuchen, in der Sprechgestaltung den freudigen Ton zu treffen.
Überleitungsimpuls: „Einige Wörter müssen wir dabei besonders betonen.“

3. Teilziel: Herausfinden der Schlüsselwörter
Die Lehrkraft zeigt am Overheadprojektor die ersten beiden Strophen. Auftrag: „Diese wichtigen Wörter, diese Schlüsselwörter, wollen wir jetzt suchen und unterstreichen!“ Gelenktes Unterrichtsgespräch, gleichzeitiges Unterstreichen auf dem Gedichtblatt, gleichzeitiges Klanggestalten.

Arbeitsauftrag zur Allein- oder Partnerarbeit: „Sucht und unterstreicht auch die Schlüsselwörter in der 3. und 4. Strophe!“ Bericht und Eintrag in der Overheadprojektor-Folie, gleichzeitiges Klanggestalten. Abschließend: Zusammenhängender Vortrag durch eine Schülerin oder einen Schüler. Die 4. Strophe wird von allen Kindern im Chor gesprochen.

Zur Textdurchdringung

1. Teilziel: Gespräch über Ferienpläne
Impuls: „Da freue ich mich so richtig auf die Ferien! Was habt **ihr** denn vor?“ Kreisgespräch im Sitzkreis, ausgehend von „allerschönste Zeit“.

2. Teilziel: Gespräch über Schulsorgen
Impuls: „Aber leide können sich nicht alle Kinder so richtig von Herzen freuen.“ Kreisgespräch im Sitzkreis, ausgehend vom Schlüsselwort „Schularbeit“, Schlüssel-

wort „bange“, evtl. vom Problem „Mobbing“.

3. Teilziel: Erarbeiten des Aufbaus
Impuls: „Beim Vortrag und beim Gespräch über den Inhalt haben wir uns an den Schlüsselwörtern orientiert.“ Die Kinder lesen sie noch einmal. Auftrag: „Jeder sucht für sich die zwei wichtigsten in jeder Strophe heraus!“ Alleinarbeit, Bericht darüber mit Begründung. Impuls: „Könnten wir auch nur **ein** Schlüsselwort pro Strophe finden?“ Die Kinder machen Vorschläge, Zusammenfassung des gelenkten Unterrichtsgesprächs. TA:

Schlüsselwörter: 16 bestimmen den Aufbau,
4 pro Strophe.
2 pro Strophe sind besonders wichtig.
Wähle ich nur 2 Schlüsselwörter pro Strophe, dann lautet das Gedicht so:

Herr Lehrer (oder: Frau Lehrerin),
auf Wiederseh'n,
schönste Ferientage,
zehntausend Pausen.

Kurz-Gedicht: Wie lautet dein Kurz-Gedicht?
Erfindest du eine neue Strophe?

Grundstimmung: Freude über Schulschluss und Ferien.

Zur Textgestaltung (2. Stunde)

1. Sprechgestaltung
Mehrmaliges Einzel- und Chorsprechen, Wechsel der Einzelsprecher bei den drei ersten Strophen.

2. Erfinden (bzw. Vorgeben) einer Melodie
Impuls: „Eigentlich lässt sich der Text wie ganz von selbst singen.“ Die Kinder machen Vorschläge, welche bekannte Melodie passen könnte, welche man selbst erfinden könnte im 8/8- und 6/8-Takt.

3. Musikalische Gestaltung
Die vereinbarte oder die vorgegebene Melodie (KV 2 / S. 42) wird nun eingeübt und mit Instrumenten unterlegt. Abschließend musikalischer Vortrag von Einzel- und Chorgesang und instrumentaler Begleitung.

4. Literarische Gestaltung
Anhand des Arbeitsblattes (KV 2 / S. 42) verfassen die Kinder ein Kurz-Gedicht (siehe TA), illustrieren es und erfinden eine eigene Strophe.

5. Druckgestaltung
In der Schulwerkstatt können die Kinder ihre eigenen Strophen drucken, illustrieren und zu einem „großen, langen Ferien-Gedicht“ der ganzen Klasse zusammenfügen und ausstellen.

4. Zur Weiterführung

Diese kann im Sinne der „Werkstattarbeit“ an weiteren „Kurz-Gedichten“, „Eigen-Strophen“, „Elfchen“, „Abc-‚Gedichten‘“ (Was ich mag – was ich nicht mag - alphabetisch geordnet) oder an einem „Akrostichon“ angeboten werden.
Beispiele[3] für ein Akrostichon (griech. Versspitze: erster Buchstabe eines Verses, untereinander gelesen):

Sommer

Sonne
Ostsee
Motorboot
Matrose
Eis
Regen

Ferien

Freude
Eisessen
Radfahren
Insel
Ebbe
Nordsee

Mobbing

Mafia
Ohnmacht
Belästigung
Beleidigung
Igel
Not
Gewalt

Schule

Spaß
Chor
Hefteintrag
Unterricht
Liebe
Eifer

[1] James Krüss: 10 000 große Pausen. Aus: Der wohltemperierte Leierkasten. Gütersloh u. München: © Bertelsmann 1961 u. [2]1997.
James Krüss, geb. 31.5.1926 auf Helgoland, gest. 2.8.1997 in La Calzada auf Gran Canaria, 1948 Examen als Volksschullehrer, freier Schriftsteller ab 1948 in Reinbek bei Hamburg, ab 1949 in Locham bei München, (Freundschaft mit Erich Kästner), ab 1966 auf Gran Canaria; Bestattung seiner Asche auf See vor Helgoland am 27.9.1997.
Würdigung seiner Persönlichkeit und seiner Bedeutung für den Literaturunterricht siehe: Gudrun Schulz: James Krüss‘ Erzählungen, Bilderbücher, Gedichte in Grundschule, Sekundarstufe I und in der Vorschule. Baltmannsweiler 2008.
Werke und Auszeichnungen (u.a. 1996 Großer Preis der Akademie für Kinder- und Jugendliteratur Volkach) siehe Wikipedia.
[2] Dieter Marenbach: James Krüss: 10 000 große Pausen. In: Analysen. Band 4. Hannover 1976, vgl. S. 70-72.
[3] Originalbeiträge der Verfasser.

10 000 große Pausen

Herr Lehrer und Frau Lehrerin,
auf Wiederseh'n für Wochen!
Die allerschönste Zeit im Jahr
ist heute angebrochen.

Herr Lehrer und Frau Lehrerin,
auf Wiederseh'n für lange!
Wir machen keine Schularbeit
und doch ist uns nicht bange.

Herr Lehrer und Frau Lehrerin,
es steht ganz außer Frage:
Der nächste Aufsatz heißt bestimmt:
Die schönsten Ferientage.

Doch wer im warmen Sande liegt,
den kann es gar nicht grausen.
Wir seh'n jetzt nur, was vor uns liegt:
Zehntausend große Pausen!

James Krüss

Gedichte	Name: ____________ am: ________
10 000 große Pausen	Text: James Krüss / Melodie: Bernhard Watzke

Mein Kurz-Gedicht:

Mein Bild:

1. Ihr könnt dieses Feriengedicht bzw. Ferienlied sprechen, vortragen und singen.
2. Passt eure eigene Strophe, die ihr gedichtet habt, zur Melodie?
3. Sicherlich macht es euch Spaß, dazu Orff-Instrumente, Flöte oder Gitarre zu spielen.
4. Könnt ihr das Lied auch als Bewegungs- oder Tanzspiel darstellen?

Zusatzangebote (Oswald Watzke / Maria Werner / Harald Watzke)

1. Georg Britting: Goldene Welt / James Krüss: Novemberwetter

Diese zwei Gedichte (KV 1 / S. 48) beschreiben die zwei Gesichter der Jahreszeit Herbst.

Georg Britting (1891-1964)[1] freut sich über den sonnigen und milden September, den sprichwörtlich „goldenen Oktober" und über die reifen Äpfel. In neun Versen, gegliedert in drei Strophen (Reimbildung aab, aba, aba), wechselweise rhymthmisiert in zwei- und dreisilbige Versfüße, wobei die Daktylen überwiegen, drückt er seine lebensbejahende, frohe Grundstimmung und seine innige Naturverbundenheit aus. Diese verstärkt er (außer Reimbildung und Rhythmuswechsel) auch durch schöne sprachliche Bilder („alles aus Gold", „durch das Blau hinrollt", „schläfrig am Zaun" …) und durch ein klanggestaltendes Formelement, nämlich die Häufung von O-Lauten (Verse 1-4), A-Lauten (Verse 4-6) und I-Lauten (Verse 8-9), die ein feierliches Staunen, Fröhlichsein und Jubeln beim Dichter – und beim Hörer – erzeugen.

Die Kinder markieren im Text (und notieren), was im milden Herbstwetter alles „aus Gold" ist:

Goldene Welt (Georg Britting) – die Sonne – das Stoppelfeld – die Sonnenblume – das Kreuz auf dem Turm – der Apfel – alles
Freude über das schöne Herbstwetter

James Krüss (1926-1997)[2] erzählt dagegen vom tristen Novemberwetter, das – nach Herbststürmen, Regengüssen und Nebel – mit wässrigem Matsch, klebrigem Dreck und zähflüssigem Schlamm die Menschen ärgert. Dieser Ärger wird jedoch erheblich abgemildert durch die einheitliche und harmonische Reimbildung (drei Paarreime aa bb aa in drei Strophen), durch das Stilmittel der Lautmalerei („klitsch, klitsch, klatsch", „klick …" und „plim …") und durch einen leicht ironischen Unterton („die heult", „wie ein Igel", „ih und huh").

Die Kinder markieren im Text wiederum die Schlüsselwörter für das schlechte Herbstwetter:

Novemberwetter (James Krüss) – Klitsch, klitsch, klatsch … Novembermatsch – Klick, klick, kleck, … Novemberdreck – Plim, plim, plam … Novemberschlamm
Ärger über das schlechte Herbstwetter

Im Vergleichen beider Gedichte – nach getrennter Einzelerschließung – könnten die Drittklässer die Unterschiede in Aufbau, Reimbildung, Rhythmus und Grundstimmung feststellen und durch sinn- und klanggestaltendes Sprechen, auch im Sprechgesang, und durch pantomimisch-szenisches Darstellen zum Ausdruck bringen.

2. Volksgut: Spruch zum Erntedankfest

Dieser Volksspruch (KV 2 / S. 49)[3], der das Dankmotiv – im Gegensatz zu anderen Sprüchen zum Erntedankfest – nur in der Überschrift enthält, ist ein reines Bittgebet. In Strophe 1 (Verse 1-4; abcb) bittet eine Gruppe von gläubigen Betern („uns") um die Segnung des täglichen Brotes und um die Bewahrung vor Hunger und Not. In Strophe 2 (Verse 5-8; abcb) erweitert diese Gruppe (als lyrisches Wir) ihren egozentrischen und nationalen Standpunkt um eine altruistische und internationale Sichtweise, indem sie „alle Armen in jedem Land" in die Vaterunser-Bitte um „das tägliche Brot" einschließt. Sie bekundet somit eine internationale Solidarität, wobei sie an die Güte Gottes appelliert, nicht an die „soziale Gerechtigkeit" der Politiker.

Im gelenkten Unterrichtsgespräch über diesen u. a. Sprüche (aus dem Lesebuch) könnte auch auf Themen wie z. B. „Brot als Grundnahrungsmittel", „Armut", „Welthungerhilfe", „Erntedankfest", „Brauchtum" und „Anrede des Schöpfers in einer pluralistischen Gesellschaft (Gott, Herr, Allah, Jahve …)", „leibliche Nahrungsmittel" (das „tägliche Brot" bei anderen Völkern), „geistige Nahrungsmittel" (Schule, Bildung, Bildungsnotstand) kindgemäß eingegangen werden.

Den Schwerpunkt der „Werkstattarbeit" bildet jedoch die bildkünstlerische Interpretation des Spruches durch die Collage zum Thema „gute Gaben", „Herbstfrüchte", „Erntedankfest", „Hunger in der Welt", „Hilfe für die Armen" oder „leibliche und geistige Nahrung für alle, insbesondere für Kinder" – und ganz konkret und vor Ort: „das Pausenbrot in unserer Klasse".

Um bei den Kindern ein Gefühl für eine solidarische Grundhaltung anzubahnen und um eine konkrete Hilfsaktion auf den Weg zu bringen, könnte das folgende Lied gesungen werden:

3. Mascha Kaléko: Der Winter

Die Dichterin lässt in ihrem Gedicht[4] den Winter als allegorische Figur „höchst persönlich selbst" auftreten. Dieser stellt sich lebhaft-beschwingt (im daktylischen Rhythmus), rethorisch geschmeidig (in zwei Kreuzreimen ab ab und einem Paarreim cc) und sehr selbstbewusst („Ich" …) vor.
Selbstbewusst nennt er seine Attribute, die verschneite („mit schneeigen Tupfen") Pelzkappe, den robusten („aus Nord und Nord-Ost") Schlitten und den klirrenden („Vorname" / Rufname) Frost, und seine Ich-Aktionen:
Ich behänge … mit Kristall.
Ich bringe Feste (Weihnacht, Silvester, Karneval) und Krankheiten (Schnupfen, Halsweh …).
Ich komme … aus Nord, Nord-Ost.
Ich heiße: Frost Winter.
Die Kinder werden in ihrer Textanalyse (KV 3 / S. 50) schnell herausfinden, wie stolz er sich selbst und seine Handlungen beschreibt, indem sie den folgenden Lückentext im Anschluss an die Bearbeitung des Gedichtblattes (KV 3 / S. 50) (mit Stichpunkten) ausfüllen:

Der Winter
(Mascha Kaléko, 1907-1975)

Ich behänge: ______________________
Ich bringe: ______________________
Ich komme: ______________________
Ich heiße: ______________________

Zur Vorbereitung auf die Produktion eines eigenen Kurzgedichtes zum Thema „Winter" könnten sie die Clusterbildung ausführen:

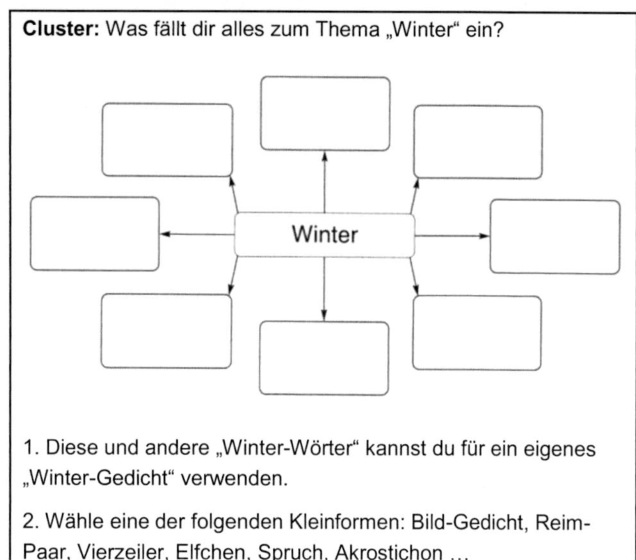

4. Josef Guggenmos: Die Nadel sagt zum Luftballon
5. Klasse 3a: Der Luftballon sagt zur Nadel

Das Gedichtblatt (KV 4 / S. 51) besteht aus dem Original-Gedicht und dem Gegen-Gedicht, das die Klasse 3a selbst verfasst hat. Die beiden Protagonisten werden in den Überschriften Nadel und Luftballon genannt.. Das Erzählgedicht, eine Rede, ist ein Achtzeiler (Verse 1/8), der freirhtyhmisch und im Schema abcb gereimt ist.[5]
In dieser wörtlichen Rede will die spitze Nadel – voller Hinterlist – den runden, prallen Luftballon zu einem lustigen Spiel („Schmettereteng") verführen, das für diesen nur „tödlich" enden kann.
Während eines Schulversuchs entdeckten die Kinder einer 3. Klasse sofort die Verführungskünste der Nadel und die tödliche Gefahr für den Luftballon. Sie waren deshalb sofort bereit und sogar begeistert, ein Gegengedicht zu schreiben, in welchem sie den offenen Schluss des Dichters zugunsten des unterlegenen Luftballons festlegten.

Unser Gedichtblatt ist ein literarischer Beleg für diese Auffassung der Kinder und dokumentiert zugleich, dass diese Nein sagen können: „... machen ... „keinen Witz", „... kein lustiges Schmettereteng." „Du machst nicht pick ... ich nicht peng!"
Die Lehrkraft bietet nun den Kindern Wahlmöglichkeiten zwischen Nadel und Luftballon an und damit die Entscheidung für ein Parallelgedicht (mit offenem oder auch geschlossenem Ausgang) oder für ein Gegengedicht. Die KV 5 / S. 52 gibt die Anregung zur literarischen Kreativität, weitere lautmalerische Ausdrücke und Reimwörter zu finden und zu verwenden.
Hier einige Beispiele der Kinder für Strophe 1 und 2 ihrer Gegengedichte (aufgeschrieben und illustriert in der Gedichtmappe der Klasse):

Ich mach nicht mit,
sagt der Luftballon.
Ich flieg davon.
Ich will kein lustiges
Knättereteng:
Ich fliege fort
und du bleibst dort!

Ich weiß kein lustiges
Dideldeidum:
Du machst nicht stich
und ich nicht wum!

Ich will kein lustiges
Schmetteremisch:
Du machst nicht stich
und ich nicht zisch!

Ich weiß kein lustiges
Knallebumknall:
Du machst nicht pick
und ich nicht knall!

6. Volksgut: Drei Rätselgedichte

Rätselgedichte[6] erfreuen sich bei den Kindern wegen ihrer Kürze – es sind meist paarweise gereimte Zwei- oder Vierzeiler – und wegen des Ratespaßes großer Beliebtheit (KV 6 / S. 53).
Unser Gedichtblatt enthält drei „Volksrätsel", die von den Kindern gelöst werden können. Für Rätsel 3 sollte die Lehrkraft einen Fingerhut zum Vorzeigen parat halten.
Unsere „Rätselstunde" wird zunächst als Stillarbeit, Patenhilfe oder Partnerarbeit durchgeführt, wobei die Kinder ihre Lösungen aufmalen (Hase, Kirsche, Fingerhut), und dann im freien Klassengespräch über die Lösungen, über ein mögliches Lieblingsrätsel und über interessante Rätselbücher sprechen.
Zur Vorbereitung einer Rätselstunde schreiben die Kinder ein neues Rätsel auf das Gedichtblatt – als „Lesefrucht" ihrer Lektüre (laut Aufgabe 4).

7. Jan Koneffke: Kakadu und Papagei

Jan Koneffke[7] reiht sich mit diesem Scherzgedicht ein in die Gruppe bekannter Schriftsteller der Vergangenheit und Gegenwart, die Spiele mit Sprache, Reim und Rhythmus, mit Buchstaben, Silben und Wörtern, über Lautmalereien, Zungenbrecher, Schüttelreime und Limericks bis zu „Verkehrte-Welt"-Gedichten, humorvoller und Nonsenslyrik, vorgelegt haben.
Der Autor strukturiert sein Gedicht (KV 7 / S. 54) - bis auf das Rufzeichen ohne Interpunktion - wie folgt:
Verse 1-4: Die Anfangssituation: Die Vögel „Kakadu und Papagei streiten sich um u und ei".
Verse: 5-16: Die Streitsituation: In Rede und Gegenrede werfen sich die „Streithähne" zwölf „Schimpfwörter" an den Kopf, die sie durch Buchstaben- und Silbentausch variantenreich und aufs Lustigste spontan formulieren.
Verse 17-20: Die Schlusssituation: Im „verwirrenden Sprachspiel" „beult" sich „u zu o" und „plättet" sich „ei zu au". Ein friedliches Ende des Streites!
Verse 21-22: Die Zukunftssituation: So manifestieren sich zwei neue Namen: „Kakado" und „Papagau".

Auf diese Weise wird der Streit für immer („nie mehr") beendet und – sprachlich und gesellschaftlich – friedlich gelöst.
Die Kinder sind schnell für dieses lustige Gedicht u.a. spaßige Sprachspiele zu begeistern. Das Auffinden des Bauplans sowie das Verändern weiterer Wörter fördert die sprachliche Kreativität der Kinder.
Die Kinder werden durch Lesen, Sprechen und Inszenieren des Gedichtes erkennen, dass Jan Koneffke den Spaß und die Freude am Sprachspiel und zugleich die Kraft der Sprache zur Veränderung, zum friedlichen Miteinander eindrucksvoll dargestellt hat.
Diese Erkenntnis könnte durch drei Aufträge angebahnt werden:
1. Collagiere (oder illustriere) das Gedicht mit Kakadus und Papageis oder mit „anderen Vögeln" („Kakados und Papagaus")!
2. Stelle die Machart, den Bauplan, fest, nach der, nach dem Jan Kaneffke gedichtet hat!
3. Bilde selbst durch Buchstaben-, Silben- und Wörtertausch neue Zusammensetzungen und verfasse ein Parallelgedicht oder ein Eigengedicht mit neuen Vogel- oder Tiernamen!
Falls den Kindern der Umgang mit diesem Sprachspiel Spaß gemacht hat, könnten sie weitere Beispiele kennen lernen:
Johann Wolfgang Goethe: Dunkel war's, der Mond schien helle.
James Krüss: Die sonderbare Stadt Tempone.
Christian Morgenstern: Neue Bildungen, der Natur vorgeschlagen.
Josef Guggenmos: O unberachenbere Schreibmischane.
Hans Adolf Halbey: Papas Pumpernickelpause.
Michael Ende: Schnurpsenzoologie.
Käthe Recheis: Das Zuselwusellied.
Jürgen Spohn: Silben zum Kauen und Lutschen.

8. Richard Bletschacher: Kinderküche

Dieses Scherz-Gedicht führt in die Fantasiewelt der Kinder und macht gleich zu Beginn durch die beiden Fragen nach dem bevorstehenden Essen und Trinken neugierig. Die sofortigen Antworten zeigen dem Leser, dass die Kinder wohl im Freien spielen. Nach dem Essen gibt es noch Schlammkaffee und Sandkuchen sowie Ziegelbrot, das fast verbrannt ist. Die letzte Strophe fordert - erzieherisch – zum „Küchendienst" auf.
Das Gedicht[8] ist freirhythmisch, das Aufsagen wird jedoch durch die Paarreime erleichtert. Auf die Erfahrungen mit Reimwörtern aus den vorausgehenden Gedichtstunden kann aufgebaut werden.
Es bietet sich an, den Text im Zusammenhang mit dem Thema Spielen des Heimat- und Sachunterrichts zu lesen. Kinder haben vielleicht schon erste „Kocherfahrungen", zumindest kennen sie das „Backen" und Dekorieren von Sandkuchen im Sandkasten.
Im produktiven Textumgang könnten folgende Schwerpunkte gesetzt werden (KV 8 / S. 55):

1. Klanggestaltung
Leseübung: Durch Vor- und Nachsprechen gelingt es, den Melodiebogen herauszufinden (Fragesätze, Ausrufesatz). Auch das zeilenübergreifende Lesen ist zu üben. Die Kinder können sich auch im Rollenlesen (Frage-Antwort-Mutter) und im Rappen üben.,

2. Umgang mit Reimpaaren
Die Kinder suchen die Reimpaare und markieren diese mit jeweils gleicher Farbe. Kreative Übungen schließen sich an:
Die Kinder finden in Partnerarbeit Reimwörter zu verschiedenen Essen (Wortkarten) wie Butter-Futter, Salz-Schmalz, Wurst-Durst, Tee-Klee usw.

3. Kinder-Küche wird Mama-Küche
Die Lehrkraft erteilt den Auftrag, aus der Kinderküche eine „Erwachsenenküche" zu machen. Die Kinder lesen das Gedicht und lassen den ersten Teil der zusammengesetzten Namenwörter weg. Tafelanschrift: rechte Spalte. Durch den Vergleich der Namenwörter wird der lustige Charakter deutlich.

Kinder-Küche	Mama-Küche
Erdbrei	Brei
Grassalat	
Regenbier	
Schlammkaffee	
Sandkuchen	
Steinezucker	
Ziegelbrot	
Schreibe das Gedicht so um, als ob Mutti kochen würde!	

4. Lieblingsspeisen anderer Völker
Schweiz: Raclette: Käsescheibchen
Frankreich: Crepes: eine Art Pfannkuchen
Ungarn: Debreziner: scharfe Würstchen
Türkei: Lahmacun: Pizza (aus Fladenbrot)
Italien: Spaghetti mit Tomatensoße
Österreich: Kartoffelsalat mit Wiener Schnitzel
Deutschland: ______________________
In meiner Familie: ______________________
□ ______________________

5. Collage aus Rezepten
Back- und Kochrezepte für Kinder sammeln und als Collage aufkleben (mit Bildern und/oder Fotos).

6. Back- und Kochfest
Projekt: Back- und/oder Kochfest im Klassenzimmer oder in der Schule: Kartoffelsuppe, Weihnachtsplätzchen, gemeinsames Frühstück, Erntedankfest u. a. Höhepunkte im Schulleben.

[1] Georg Britting: Goldene Welt. Aus: Aus dem Nachlass. München: Nymphenburger VA o.J.
Zur Biografie: Georg Britting, geb. 17.2.1891 in Regensburg, gest. am 27.4.1964 in München, verlebte seine Kindheit an der Donau, erzählt vor allem von seiner bayerischen Heimat. Lyriker, Erzähler, Romancier.
Werke u.a.: „Der verlachte Hiob“ (1921), „Der irdische Tag“ (1935), „Rabe, Ross und Hahn“ (1939), „Der Schneckenweg“ (Erzählungen, 1941), „Der Eisläufer“ (Erzählungen und Gedichte, 1948), „Unter hohen Bäumen“ (1951), „Afrikanische Elegie“ (1953), „Gesamtausgabe“ (1957 bis 1961).

[2] James Krüss: Novemberwetter. Aus: Der wohltemperierte Leierkasten. München: © 1989 cbj Verlag, München, in der Verlagsgruppe Random House GmbH.
Biografie S. 40.

[3] Volksgut: Spruch zum Erntedankfest (mündlich überliefert).
Lied: „Wir teilen, was wir haben.“ Text: W. Wilms. Musik: P. Janssens. © Peter Janssens Musik-Verlag, Telgte.

[4] Mascha Kaléko: Der Winter. Aus: Wie's auf dem Mond zugeht. Düsseldorf: Boje 1971 u. Bastei Lübbe Neuausgabe 2010.
Zur Biografie: Mascha Kaléko, geb. 1907 als Kind jüdischer Eltern in Schidlow/Polen, gest. 1975 in Zürich, lebte seit 1918 in Berlin, Sekretärin der Jüdischen Gemeinde, Schriftstellerin; 1938 Emigration in die USA, 1966 in Jerusalem.
Werke u.a.: „Das lyrische Stenogramm“ (1933, von den Nationalsozialisten am 10. Mai verbrannt), „Der Papagei, der Mamagei und andere komische Tiere“ (1961), „Wie's auf dem Mond zugeht“ (1971).

[5] Josef Guggenmos: Die Nadel sagt zum Luftballon. Aus: Stadt der Kinder. Recklinghausen: Bitter 1961 u. Weinheim: Beltz & Gelberg 1999.
Klasse 3a: Der Luftballon sagt zur Nadel (Originalbeitrag).
Die Kinder verwenden wie ihr großes Vorbild sehr erfolgreich Lautmalerei, Reime und die „kleine Form“.
Anmerkung: Josef Guggenmos erweist sich auch hier wieder als wahrer „Meister der kleinen Form“, wie ihn Claudia Pecher zu seinem 80. Geburtstag würdigt. In: Literatur in Bayern. Ausgabe Nr. 69/2002, S. 32-35.

[6] Volksgut: Drei Rätselgedichte (mündlich überliefert).

[7] Jan Koneffke: Kakadu und Papagei. Aus: Trippeltrappeltreppe. Köln: Boje Verlag / Bastei Lübbe GmbH 2011.
Zur Biografie: Jan Koneffke, geb. 19.11.1960 in Darmstadt, Abitur 1980, Studium der Philosophie und Germanistik (Abschluss: MA), vielfach ausgezeichneter Schriftsteller. Ihn stellt Winfried Wittstruck, Hrsg. des Titels „Weil Lachen fröhlich macht. Das Gedichte-Schnupperbuch. Köln 2011 (S. 92) wie folgt vor: Er „schreibt Gedichte, Erzählungen und Romane für Kinder und für Erwachsene. Er ist in Darmstadt geboren und seither ziemlich viel in Europa herumgekommen. In Berlin hat er Philosophie und Germanistik studiert. Nach längerem Aufenthalt in Rom lebt er heute in Wien und Bukarest. Er wurde bereits vielfach ausgezeichnet, u.a. mit dem Leonce- und Lena-Preis und dem Förderpreis zum Friedrich-Hölderlin-Preis; auch wurde er mit Stipendien bedacht (Alfred Döblin, Villa Massimo).
Werke u.a.: „Vor der Premiere“ (1988), „Bergers Fall“ (1991), „Halt! Paradiesischer Sektor“ (Rom 1995), „Gulliver in Rumänien“ (1999), „Nick …“ (2004), „Die Sache mit Zille“ (2008).

[8] Richard Bletschacher: Kinderküche. Aus: Frohes Lernen. 2. Teil, hrsg. von Erika Kunschak. Stuttgart: Klett o.J.
Zur Biografie: Richard Bletschacher, geb. 1936 in Füssen/Allgäu, Chefdramaturg der Wiener Staatsoper, Librettist, Übersetzer, Lyriker.
Werke u.a.: „Milchzahnlieder“ (1970), „Tamerlan“ (1973), „Augenblicke“ (Gedichte 1976).

Gedichte	Name: ______	am: ______

Goldene Welt

Im September ist alles aus Gold:
Die Sonne, die durch das Blau hinrollt,
das Stoppelfeld,

die Sonnenblume, schläfrig am Zaun,
das Kreuz auf der Kirche,
der Apfel am Baum.

Ob er hält? Ob er fällt?
Da wirft ihn geschwind
der Wind in die goldene Welt.

Georg Britting

Novemberwetter

Klitsch, klitsch, klatsch,
der Hund fällt in den Matsch.
Die Gretel, die am Wege sitzt,
die heult, denn sie ist voll gespritzt.
Klitsch, klitsch, klatsch,
das ist Novembermatsch.

Klick, klick, kleck,
der Pudel tollt im Dreck.
Und als der Pudel kommt nach Haus,
da sieht er wie ein Igel aus.
Klick, klick, kleck,
das ist Novemberdreck.

Plim, plim, plam,
wir waten durch den Schlamm.
Die Damen rufen: „Ih und huh!"
Die Herren tragen Gummischuh.
Plim, plim, plam,
das ist Novemberschlamm.

James Krüss

 Name: ______ am: ______

Spruch zum Erntedankfest

Das Brot, Herr, segne
das tägliche Brot!
Bewahr uns vor Hunger
und bitterer Not!
Und gib allen Armen
in jedem Land
das tägliche Brot
mit gütiger Hand!

Volksgut

1. Lies bitte diesen Spruch ausdrucksstark vor!
2. Kennst du vielleicht noch andere Sprüche zum Erntedank?
3. Die Illustration könntest du bunt ausmalen.
4. Sprecht über das Erntedankfest – hier bei uns – und anderswo!

Gedichte | Name: ____________ am: ____________

Der Winter

Die Pelzkappe voll mit schneeigen Tupfen,
behäng ich die Bäume mit hellem Kristall.
Ich bringe die Weihnacht und bringe den Schnupfen,
Silvester und Halsweh und Karneval.
Ich komme mit Schlitten aus Nord und Nord-Ost.
– Gestatten Sie: Winter. Mit Vornamen: Frost.

Mascha Kaléko

1. Lies das Gedicht still für dich durch – mehrmals!
2. Was denkst du? Was fühlst du? Redet miteinander darüber!
3. Wer spricht? Trage das Gedicht entsprechend vor!
4. Klebe unter das Gedicht eine Collage zum Thema!

Gedichte | Name: ______ am: ______

Die Nadel
sagt zum Luftballon

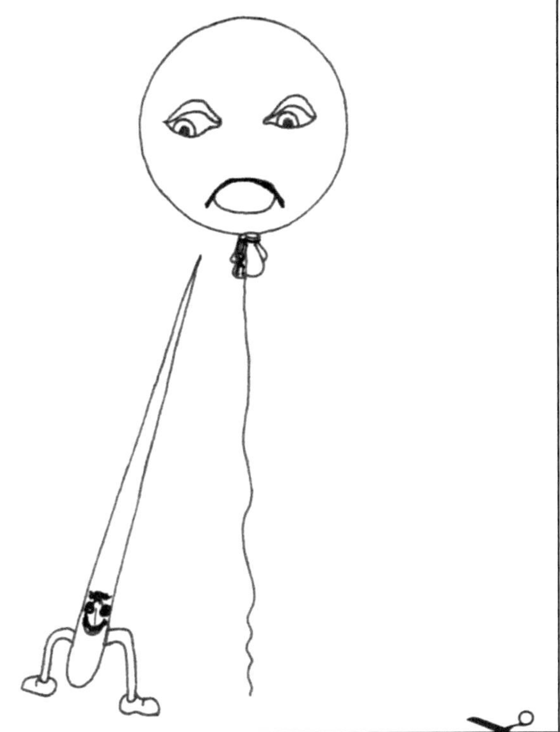

„Du bist rund,
ich bin spitz.
Jetzt machen wir beide
einen Witz.
Ich weiß ein lustiges
Schnettereteng:
Ich mache pick
und du machst peng!“

Josef Guggenmos

Der Luftballon
sagt zur Nadel

Male ein Bild dazu!

„Ich bin rund,
du bist spitz.
Jetzt machen wir beide
keinen Witz.
Ich weiß kein lustiges
Schnettereteng:
Du machst nicht pick
und ich nicht peng!“

Klasse 3a
(nach Josef Guggenmos)

1. Lest diese Gedichte gründlich durch: still, laut, leise, einzeln, im Chor!
2. Markiert im Text mit bunter Farbe die Unterschiede!
3. Tauscht eure Meinungen aus, über die Nadel, über den Luftballon!
4. Ihr könnt die beiden Szenen auch spielen.
5. Ihr könnt auch ein eigenes Gedicht schreiben, vorlesen und inszenieren.

Gedichte | Name: ______ am: ______

Die Nadel sagt zum Luftballon ☐

Der Luftballon sagt zur Nadel ☐

1. Welche Überschrift wählst du für **dein** Gedicht? Kreuze diese an!
2. Welche Reimwörter wählst du aus?

Schmettereteng	Tätteretäng	Knatteretang	peng	päng	pang
Knallebumknall	Dideldeidum	Schnetteremisch	knall	wum	zisch

Erfinde neue Reimwörter!

3. Drucke (oder schreibe) hier **dein eigenes** Gedicht (nach Josef Guggenmos)!

1 ______
2 ______
3 ______
4 ______
5 ______
6 ______
7 ______
8 ______

Gedichte | Name: ____________ am: ________

Drei Rätsel-Gedichte

Wenn ich nur wüsst',
wer das ist,
der immer mit
zwei Löffeln frisst.

Volksgut

Erst weiß wie Schnee,
dann grün wie Klee,
dann rot wie Blut,
schmeckt allen Kindern gut.

Volksgut

Ich kenne einen Hut,
der schützt dich gut.
Doch passt der kleine Tropf
auf keinen Kopf.

Volksgut

Mein Vorschlag für die Rätsel-Stunde:

____

____

____

____

____

1. Lest diese Rätsel-Gedichte still für euch durch!
2. Malt die Lösungen rechts neben den Text!
3. Lest dann die Rätsel-Gedichte laut vor! Sprecht darüber!
4. Organisiert eine Rätsel-Stunde in der Klasse! Rätsel-Bücher findet ihr in der Bücher-Kiste, in der Lese-Ecke oder in der Bücherei.

Gedichte Name: ______ am: ______

Kakadu und Papagei

Herr Kakadu Herr Papagei
die stritten sich um u und ei
sie packten sich und hackten sich
und flatterten und schnatterten

  du Papagu!
du Kakadei!
  du Geipaka!
du Dupaga
  du Geipudu!
du Dukapa!
  du Dupagei!
du Pakadu!
  du Dupadu!
du Pakapa!
  du Geidudu!
du Dudupa!

am Ende waren sie abgehetzt
und beide schauten sie tief entsetzt
das u das beulte sich zum o
das ei war platter als ein au

in Zukunft stritt Herr Kakado
sich nie mehr mit Herrn Papagau

Jan Koneffke

1. Lies dieses „Versprech-Gedicht“ bitte laut vor!
2. Das „Spielen mit Buchstaben, Silben und Wörtern“ kann Spaß machen.
3. Wie lautet **dein** „Versprech-Gedicht“?
4. Rechts vom Text kannst du eine bunte Collage mit „Kakadus“ und „Papageis“ aufkleben.

Gedichte | Name: ______ am: ______

Kinderküche

Ratet, ihr Leut,
was kochen wir heut?
Erdbrei mit Grassalat
schmeckt, wenn man Hunger hat.

Was trinkt man dazu?
Aus meinem Schuh
ein Regenbier,
das lob ich mir!

Schlammkaffee und Sandkuchen
könnt ihr auch versuchen,
und für arme Schlucker,
ein Stück Steinezucker.

Das Ziegelbrot
ist ein bisschen rot,
verbrannt ist es mir,
ich kann nichts dafür.

Aber jetzt, meine Lieben,
dageblieben
und nach dem Naschen
Geschirr abwaschen!

Richard Bletschacher

1. Unterstreiche im Gedicht, was die Kinder alles kochen!
2. Markiere im Text und male die zwei „lustigsten“ Speisen daneben!
3. Könnt ihr „neue“ Speisen und Getränke erfinden?
4. Stellt ihr eure Lieblingsspeise vor?
5. Wie klingt dieses Gedicht als Rap?

2. Gedichte rund ums Schuljahr für die 4. Klasse

1. Unbekannt: Bildgedichte (Ideogramme) zum Thema „Herbst“

1. Zum Text

Spiele mit Wörtern, in unserem Falle mit Ideogrammen, sind in der **konkreten Poesie** beheimatet. Die konkrete Poesie wurde begrifflich 1953 geprägt von einem ihrer bekanntesten Vertreter, nämlich Eugen Gomringer[1].

Die Wesenselemente der konkreten Poesie sind das Grafische und das Sprachlich-Elementare. Die Sprache wird auf ihre kleinsten Elemente reduziert (Phoneme, Morpheme, Grapheme, Lexeme) und gegenständlich, d.h. konkret, grafisch dargestellt. Diese Sprache, frei von traditionell-lyrischen Formen wie Reim, Vers, Strophe, Metrik, dient nur als ein Gegenstand für Experimente. Der Rezipient oder die Rezipientin dieser „sprachlichen Bilder“ (Sprachbilder) bzw. dieser „bildlich dargestellten Sprache“ („Bildgedichte“) wird in einem doppelten Sinne zur Kommunikation aufgefordert. Einmal muss er oder sie sich bemühen, das oft rätselhaft Codierte zu entschlüsseln, zum anderen wird er oder sie angeregt, die vorgegebenen Gebilde nicht nur auszudeuten, sondern auch spontan und kreativ zu verändern[2].

Zu den einfachen Formen der konkreten Poesie gehören das Piktogramm, das Ideogramm und die Konstellation, ein Beziehungsgefüge eines Wortes oder einer Wortgruppe mit dem Raum. Unter **Ideogramm** versteht Eugen Gomringer Folgendes: „Poetische Ideogramme sind Gebilde aus Buchstaben und Wörtern, welche durch präzise Konkretionen semantischer wie semiotischer Intentionen entstehen und die als Ganzes einprägsame Sehgegenstände von logischem Aufbau darstellen.“[3]

Variationen entstehen, indem ein oder mehrere Buchstaben oder das ganze Wort verändert werden durch Farbe, Größe, Schrifttype, Druckstärke und Anordnung.

2. Zur Intention

Ideogramme sind für die Kinder in der vierten Klasse leicht lesbar, deutbar, veränderbar und gestaltbar, weil ihnen vom Leselernprozess her die Identität von Wortbild und Wortinhalt/-bedeutung bekannt ist. Zudem wird das Motiv „Herbst“, das sie intensiv als Zeit der Ernte, des Drachensteigens, des Vogelzuges und des Laubfalles erleben, in ihnen die erforderliche Lernbereitschaft wecken.

Intentionen im Einzelnen:

- Ideogramme als Bildgedichte kennen lernen,
- die Gestaltungsmöglichkeiten erkennen,
- Freude am Deuten, Verändern und Gestalten haben.

3. Zur Realisierung

Zur Rezeption

Die Lehrkraft zeigt am Tageslichtprojektor die Ideogramme „Herbst“ (bunt), „Wald“, darauf „Drachen“. Nach der freien Aussprache erhalten die Kinder das Textblatt (KV 1 / S. 57), betrachten die neuen Bildwörter und interpretieren diese.

Zur Reflexion

Im Untererichtsgespräch entdecken die Kinder, was im Wort verändert wurde. Der Begriff „Bildwort“ für Ideogramm wird erarbeitet, angeschrieben, dazu auch die Veränderungen und der Merksatz: „Das Bild-Gedicht drückt die Bedeutung des Wortes aus“ (siehe KV 2 / S. 58).

Zur Produktion

Impuls: „Wir könnten diese Bedeutungen auch anders ausdrücken!“ Die Kinder versuchen, die gezeigten ‚Bild-Gedichte‘ (gemeinsam am OHP) zu verändern und neue (in Allein- oder Partnerarbeit) zu schaffen. Anregungen hierzu bieten unsere Kopiervorlagen.[4]

Die von den Kindern hergestellten Ideogramme werden abschließend diskutiert und wohlwollend gewürdigt.

4. Zur Weiterführung

- Präsentation weiterer Ideogramme,
- Ausstellung der Eigenproduktionen,
- Kennenlernen weiterer Beispiele (Lesebuch, Sprachbastelbuch ...).

---

[1] Eugen Gomringer: Konkrete Poesie. Stuttgart 1972, S. 163.
[2] Oswald Watzke: Umgang mit Texten in der Primarstufe. München, 3. Aufl. 1979, vgl. S. 96-104.
[3] Eugen Gomringer, a.a.O., S. 163.
[4] Beispiele vom Verfasser.

Gedichte | Name: ______________________ am: ____________

Bild-Gedichte zum Thema „Herbst“

HERBST SEPTEMBER (bunt)

WALD

KARTOFFEL

Jetzt bist du an der Reihe:

Oktober, Drachensteigen, Vogel …

MOND

NEBEL

FEUER

Gedichte	Name: ______________________	am: ____________

Wir gestalten Bild-Gedichte zum Thema „Herbst“

Wie wir Buchstaben und Wörter verändern können:

1. Buchstaben farbig schreiben:

HERBST **SEPTEMBER**

2. Buchstaben durch ein Bild ersetzen:

W LD KAST NIE KART FFEL

3. Buchstaben anders anordnen:

```
   A        O
DR  CHEN  M  ND

BLÄTTE                          T  AUF.
      R  FA                    H
           L                  E
            L                I
             EN.  Nebel     Z
```

4. Schrift verändern:

Merksatz:

____

Jetzt bist du an der Reihe! Sammle „Herbst-Wörter“ und verwandle diese in „Bild-Gedichte“!

2. Rolf Zuckowski: „Ich bau mir eine Lese-Höhle“

1. Zum Text

Das Gedicht[1] besteht aus drei Strophen, jede Strophe aus neun Versen. Der neunte Vers ist jeweils der Refrain des achten Verses. Jede Strophe beginnt mit der identischen Aussage „Ich bau mir einen Höhle“, wobei in der ersten Strophe die Einrichtungsgegenstände der „Lese-Höhle“, in der zweiten die Lesestoffe genannt werden und in der dritten Strophe vom Lesevergnügen erzählt wird.
Das durchgehend fließende Versmaß (drei- und vierhebiger Jambus), die regelmäßige Reimbildung (abab cded), der Refrain (Vers 9) und die wiederkehrenden Elemente machen das Erzählgedicht, das auf den Inhalt bezogen auch als „Lese-Gedicht“ bezeichnet werden könnte, singbar und sehr einprägsam. Die mitreißende Melodie[2] von Rolf Zuckowski, einem der bekanntesten Komponisten und Texter von modernen Kinderliedern, regt zur Umsetzung der indirekten Handlungsanweisung „Ich bau mir einen Höhle“ an, es dem lyrischen Ich gleichzutun.

2. Zur Intention

Dies ist die „Botschaft“ des Autors und Sängers, die es vonseiten der Lehrkraft „rüberzubringen“ und vonseiten der Kinder zu verinnerlichen gilt.
Dieses „Lese-Lied“ ist am Schuljahresbeginn hervorragend für die Leseerziehung geeignet. Es motiviert die Kinder, eine eigene Lese-Höhle oder ein eigenes Lese-Zelt in der Schule oder daheim zu bauen, einzurichten, um sich darin zu verstecken, sich ungestört zu freuen und gemeinsam mit „lieben Gästen“ schmökern zu können.
Deshalb sollten die Kinder dieses beschwingte „Lese-Lied“ nicht nur singen, szenisch darstellen und um neue „Lese-Strophen“ erweitern können, sondern auch auf ihr persönliches Leben, d.h. hier auf ihr Leseverhalten, anwenden, indem sie die textinternen Ideen, ergänzt um eigene Vorschläge und Wünsche, ins praktische Leben umsetzen.
Dies müsste in möglichst freien und selbstständigen Umgangsformen geschehen, in etwa nach der „Übersicht“ auf S. 111f. Hilfreich für das „Dichten“ weiterer Strophen wäre vorausgehend eine kurze Analyse von Inhalt, Sprache und Form, damit diese rhythmisch zur vorgegebenen Melodie passen und ohne Schwierigkeiten gesungen werden könnten.

Intentionen im Einzelnen:

- ein Lese-Gedicht kennen lernen und auswerten,
- es stimmig vortragen, singen und szenisch darstellen,
- einige besondere Merkmale von Inhalt, Form und Sprache feststellen,
- eine weitere Strophe hinzuerfinden,
- sich in einer selbst gewählten Umgangsform mit diesem „Lese-Lied“ näher befassen,
- die „Botschaft“ erfassen, verinnerlichen und in Leseaktivitäten umsetzen.

3. Zur Realisierung

Zur Einstimmung

Hörimpuls: Tonbandaufnahme der Melodie (ohne Text), nur gesummt), mit Gitarren- oder Klavierbegleitung.
Bildimpuls: Zeichnung auf Gedichtblatt mit Hintergrundmusik; freie Aussprache …

Zur Text- und Liedbegegnung

Beschwingter Liedvortrag durch die Lehrkraft (evtl. mit Gitarrenbegleitung, zweiter Vortrag, wobei die Kinder den Refrain mitsingen. Stilles Nachlesen der Kinder (evtl. mit Musikuntermalung). KV 1 / S. 61.

Zur Texterschließung

1. Teilziel: spontane und freie Aussprache über Text, Zeichnung, Melodie … Wirkung …

2. Teilziel: Inhaltsanalyse
Gelenktes Unterrichtsgespräch über Verlauf der Handlung, Informationen und Absicht des Autors mit Beleglesen der Kinder und Teilzusammenfassung.
Wortimpuls: „Ihr habt nun spontan erzählt, welche Meinung ihr habt, welche Wirkung das Gedicht/Lied auf euch ausübt. Wollen wir einmal genau festhalten, was der Autor/Sänger aussagen will, was er beabsichtigt!“
Teilzusammenfassung (TA, Folie o.Ä.):

Ich bau mir eine Höhle (Rolf Zuckowski)

Strophe 1: Einrichtung:
Kissen, Decken, Strauß Vergissmeinicht, Taschenlampe

Strophe 2: Lesestoff:
Bücher, Comic-Hefte

Strophe 3: Leseverhalten:
sich freuen, Gäste einladen, es sich gemütlich machen, „alles kurz und klein“ lesen

3. Teilziel: Sprachanalyse[3]
Partnerarbeit (Auswahl eines der drei Themen unter Betreuung der Lehrkraft): „Markiere im Text“ oder „Schreibe
1. mit Blau alle Hauptwörter (Substantive),
2. mit Grün alle Tätigkeitswörter (Verben),
3. mit Gelb alle Eigenschaftswörter (Adjektive) auf Wortkarten!“

Präsentation der Ergebnisse:
Zusammentragen, Vergleichen und Erläutern der Ergebnisse (sichtbar auf Folie am OHP) durch die Kinder (mit Klärung des Begriffs „Signal- oder Schlüsselwort“ und Begründung der Wortwahl):

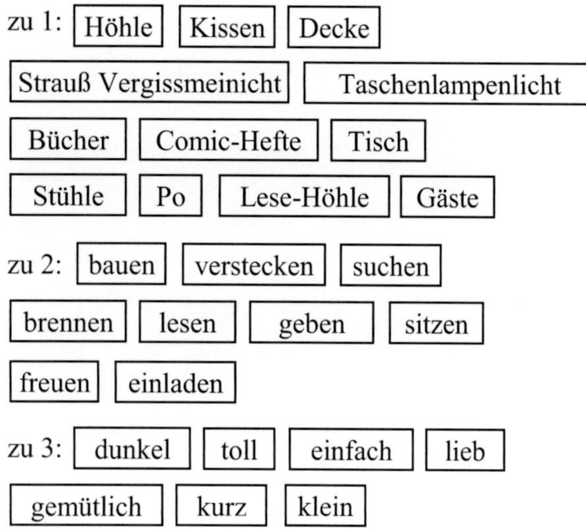

4. Teilziel: Klanggestaltung - Formbetrachtung
Vortragsversuche des Erzählgedichtes von den Kindern, dabei gelenktes Unterrichtsgespräch über Aufbau, Refrain, Reime, Versmaß, Wiederholungen, um eine passendere Betonung, ein angemesseneres Sprechtempo und einen stimmigeren Gefühlsausdruck zu erreichen.
Teilzusammenfassung (TA, Folie o.Ä.):

Aufbau:	drei Strophen, je neun Verse Refrain Vers 9
Reimschema:	erste Hälfte; abab, zweite Hälfte: cded, Refrain: d
Versmaß:	◡ Senkung – Hebung ◡ – ◡ – ◡ – ◡ –
Wiederholung:	Vers 1 und 3, Vers 2 und 4, Vers 9 usw.
Stimmung:	Strophe 1: Heimlichkeit Strophe 2: Lesevergnügen Strophe 3: Freude, Gemütlichkeit

Ausklang

Lesen der Tafelanschriften, Text- und Liedgestaltungsversuche (mit pantomimischen und szenischen Darstellungen); Planungsgespräche über Weiterführung, Schlussvortrag.

Zweite Einheit

1. Teilziel: Autorenintention
Gelenkte Aussprache (in Erinnerung an die erste Einheit mit Wiederholung des Liedvortrags) über Wirkung des „Lese-Liedes“ und Absicht des Autors mit etwa folgendem Ergebnis (TA, Folie o.Ä.):

- eine Lese-Höhle bauen,
- sie gemütlich einzurichten, Gäste einzuladen,
- darin zu lesen, zu schmökern, Lese-Spaß und Lese-Freude zu genießen.

2. Teilziel: freie Umgangsform
Auswahl und Durchführung einer selbst ausgewählten Umgangsform (siehe: Übersicht auf S. 111f.), wobei auf folgende vier Schwerpunkte besonderer Wert gelegt werden sollte:

- das „Lese-Gedicht“ sprecherisch und szenisch zu gestalten,
- das „Lese-Lied“ musikalisch als Spiel darzustellen,
- die Eigenproduktion weiterer „Lese-Strophen“ zu versuchen,
- Bau, Einrichtung und Nutzung einer Lese-Höhle (oder eines Lese-Zeltes) durchzuführen.

4. Zur Weiterführung

- Präsentation (und Verfeinern) der Ergebnisse aus der Freiarbeit,
- Bearbeiten der Kopiervorlage (KV 2 / S. 62) mit Einstudierung der Melodie (mit Begleitung von Instrumenten),
- weitere „Lese-Gedichte“ sammeln und vorstellen,
- ein „Lese-Fest“ oder eine „Lese-Nacht“ planen und organisieren.

[1] Rolf Zuckowski: Flötenbüchlein 2. Hamburg o.J. (2. und 3. Strophe in Bezug auf „Lese-Höhle“ von Oswald Watzke abgeändert, in: Wir richten eine Lese-Ecke ein. Grundschulmagazin 9/1998, S. 17/18.
[2] © by Musik für Dich! Rolf Zuckowski OHG. Hamburg: Sikorski o.J.
[3] *Anmerkung:* Sprachanalyse und Formbetrachtung (3. Tz. u. 4. Tz.) könnten in eine **„Dritte Einheit“** – vor die Eigenproduktion weiterer Strophen – verschoben werden.

Gedichte | Name: ______________________ am: ____________

Ich bau mir eine Lese-Höhle

Ich bau mir eine Höhle
und drin da lese, lese ich.
Ich bau mir eine Höhle
und alle, alle suchen mich.
Hier gibt es tolle Bücher
und Comic-Hefte sowieso,
auch ohne Tisch und Stühle,
ich sitze einfach auf dem Po,
ich sitze einfach auf dem Po.

Ich bau mir eine Höhle
und drin da lese, lese ich.
Ich bau mir eine Höhle
und drin da freu und freu ich mich.
In meine Lese-Höhle,
da lad ich liebe Gäste ein.
Hier ist es sehr gemütlich,
wir lesen alles kurz und klein,
wir lesen alles kurz und klein.

Rolf Zuckowski

Gedichte	Name: ______________________	am: ____________

Ich bau mir eine Lese-Höhle

(______________________)

1. Lies alle drei Strophen und beantworte in Stichpunkten folgende Fragen:

   1. Womit wird eine „Lese-Höhle“ gebaut und eingerichtet?

   Im Text genannt: ______________________

   ____

   Eigene Vorschläge: ______________________

   2. Welche Lesestoffe liegen bereit?

   Im Text genannt: ______________________

   Eigene Vorschläge: ______________________

   ____

   3. Wie nutzen wir die „Lese-Höhle“?

   Im Text genannt: ______________________

   ____

   Eigene Vorschläge: ______________________

   ____

2. Aufgrund der eigenen Vorschläge könnt ihr einen Vierzeiler hinzudichten.

   ____

   ____

   ____

   ____

3. Hinweise auf die Freiarbeit: Kreuze an!

   ☐ Gedichtvortrag ☐ Liedvortrag ☐ Spiel ☐ Strophe dichten

   ☐ Leporello malen ☐ Erzählgedicht-Kino ☐ Lese-Höhle bauen und einrichten

   ☐ Lese-Zelt ☐ Lese-Fest feiern ☐ Lese-Nacht organisieren ☐ ____________

3. Erich Kästner: „Monolog des Blinden“

1. Zum Text

Erich Kästner[1]lässt in seinem ergreifenden Problemgedicht[2] einen Kriegsblinden sprechen. Dieser steht am Straßenrand und versucht selbst gemalte Karten zu verkaufen. In einem Monolog schildert er seine verzweifelte Situation. Ihm fehlt nicht nur das Augenlicht, sondern auch die Anteilnahme der Menschen.
Der Monolog besteht aus sieben Strophen mit jeweils vier Versen. Lediglich Strophe 7 hat sechs Verse (Verallgemeinerung, verzweifelte Fragen). Das Reimschema sieht so aus: Wechsel von einer Strophe im Kreuzreim (Schema abab) mit zwei darauf folgenden Strophen mit Klammerreim (Schema abba). Eine strenge Metrik ist nicht zu erkennen.
Der Kriegsblinde beklagt sich in Strophe 1, dass ihn niemand bemerkt. Es beginnt in Strophe 2 zu regnen. Zur inneren Traurigkeit und Niedergeschlagenheit kommen auch die widrigen äußeren Umstände hinzu. Der Blinde bemerkt: „Wenn es regnet, ist der Mensch nicht gut“ (Str.2 / Vers 2). Nicht er ist es, der den Hund führt, sondern der Hund hat ihn an der Leine (Str. 3 / Vers 4). Das zeigt seine Abhängigkeit vom Tier auf. Den Höhepunkt des Monologs bildet Strophe 4. Hier erinnert er sich an den zwölften Sterbetag seiner Augen. Seine Verzweiflung ist so groß, dass er sich fragt, warum der Splitter nicht sein Herz getroffen habe. Niedergeschlagenheit über den vergeblichen Versuch, seine handgemalten Karten zu verkaufen, prägt Strophe 5. Strophe 6 steht wie Strophe 4 in der Vergangenheit. Der Blinde erinnert sich an die Zeit, bevor er sein Augenlicht verloren hatte. Das Bild seiner Mutter tritt ihm vor Augen.
„Krieg macht blind“ (Str. 7 / Vers 1). Diese allgemeine Aussage leitet Strophe 7 ein. Blindsein bedeutet nicht nur den Verlust der Mitmenschlichkeit und der Anteilnahme. Der Monolog endet mit der verzweifelten Frage: „Ist denn keine fremde Mutter hier, die an ihre eigenen Söhne denkt? Und kein Kind, dem die Mutter etwas für mich schenkt?“

2. Zur Intention

Das Gedicht könnte im Anschluss an den Heimat- und Sachunterricht (Kenntnisse und Aufgaben der Augen) behandelt werden. Es kann Kinder dazu führen, soziale Probleme in der Umwelt sehen zu lernen und darauf zu reagieren. Sie können sich beim Lesen mit dem Blinden identifizieren und dessen Sehnsüchte verstehen. Den Kindern können auch die besonderen dichterischen Mittel nahe gebracht werden, besonders an folgenden Stellen: Str. 3 / Vers 3: „... und sie dröhnt, als stünde ich am Meer“, Vers 4: „... der mich an der Leine hat“, Str. 4 / Vers 1/2: „Meine Augen hatten im August ihren zwölften Sterbetag“. Vermutlich müsste in diesem Zusammenhang auf den zeitgeschichtlichen Hintergrund hingewiesen werden, auf das Ende des Zweiten Weltkrieges (1939-1945) und auf die Nachkriegszeit (1945-1956).

Der Schwerpunkt unterrichtlicher Behandlung sollte auf dem Inhalt liegen.

Intentionen im Einzelnen:

- die Situation eines Blinden nachempfinden,
- erkennen, dass Krieg in zweierlei Hinsicht „blind“ machen kann,
- das Gedicht angemessen vortragen und (evtl.) in Szene setzen,
- für die Hilfe für Behinderte sensibilisieren.

3. Zur Realisierung

Zur Hinführung

Bildimpuls: Zeichnung auf dem Gedichtblatt betrachten (ohne Text) – Spontanäußerungen der Kinder.
Alternativen:
a) Dingimpuls: Ein Blindenstock, eine Armbinde werden gezeigt.
b) Handlungsimpuls: Ein Kind lässt sich mit verbundenen Augen von einem anderen führen und berichtet danach von seinen Gefühlen.
c) Wortimpuls (Rätsel): „Es sind zwei kleine Fenster, doch die ganze Welt passt hinein ...“ Im Unterrichtsgespräch erzählen die Kinder von den Leistungen der Augen.
Zielangabe: „Was einem Blinden so durch den Kopf geht, hat Erich Kästner in einem Gedicht beschrieben.“
TA: „Monolog des Blinden“ (evtl. Begriffserklärung: Monolog), Erich Kästner (1899-1974).

Zur Textbegegnung

Die Lehrkraft trägt das Gedicht ruhig und eindrucksvoll vor. Die Kinder äußern sich spontan und lesen danach den Text still nach, und zwar mehrmals. KV 1 / S. 65.
Um sie Betroffenheit und nacherlebte Gefühle verarbeiten zu lassen, könnte man ihnen –auch noch auf dieser Klassenstufe – Zeit gewähren, beim „Ausmalen“ der Textillustration bzw. beim „Selbermalen“ zu einer Strophe, die besonders beeindruckt hat.
Diese Textbegegnung wird durch einen Gedichtvortr der Lehrkraft oder eines (befähigten) Kindes abgeschlossen – nach der Präsentation der Schülerzeichnungen.

Zur Textgestaltung

Im Sinne der „sprechgestaltenden Interpretation“ nach Wilhelm Höffe und Klaus C. Haase[3] wird nun versucht, die Textbetrachtung/-erschließung in den Dienst der Klang-/Sinngestaltung des Problem-/Ideengedichtes zu stellen.
Die Kinder versuchen, einzeln oder in Kleinstgruppen (strophenweise) den Text so zu sprechen, wie sich der Protagonist fühlt.
Im Unterrichtsgespräch wird der Höhepunkt herausge-

funden (Strophe 4). „Warum denkt der Blinde ausgerechnet an seine Mutter?“ Besonders eingegangen wird auf Strophe 3 (Verse 3 und 4), auf Strophe 7 (Vers 1: „Krieg macht blind“). Vertiefung: „Nicht nur der Blinde ist blind!“ Impuls zur Sprechgestaltung: „Wie fühlt sich der Blinde jeweils?“

„Kannst du das stimmlich, mimisch und gestisch ausdrücken?“

So könnte zusammenfassend folgende Übersicht über Strophen, Stationen und Gefühle erstellt werden:

Monolog des Blinden (Erich Kästner)		
Strophe	Station	Gefühl
1	Alle gehen vorüber ...	Einsamkeit
2	Es regnet ...	Traurigkeit
3	Ohne Augen an der Leine ...	Hilflosigkeit
4	Zwölfter Sterbetag der Augen ...	Mutlosigkeit
5	Keiner kauft Karten ...	Enttäuschung
6	Bild der Mutter ...	Früher: Glück
7	Keiner sieht mich ...	Heute: Verzweiflung
„Krieg macht blind“.		
Wer hilft?		

Gelungener Schlussvortrag (für eine CD-Aufnahme): Die Kinder versuchen einen angemessenen Vortrag. Sie achten dabei besonders auf zeilenübergreifendes Lesen, kurze Pausen zwischen den einzelnen Strophen und den Ausdruck der Gefühle. Der Satz „Krieg macht blind“ wird besonders betont.

4. Zur Weiterführung

- Arbeitsblatt (KV 2 / S. 66) bearbeiten,
- Gedicht (und Liedtext – wahlweise) freiwillig auswendig lernen,
- Szenenspiel: Kinder versuchen, mit verbundenen Augen zu gehen, Dinge zu ertasten,
- Redensarten über das Sehen sammeln, z.B. „Aus den Augen, aus dem Sinn“, „Jemandem die Augen öffnen“, „Den Wald vor lauter Bäumen nicht sehen“, „Die Augen niederschlagen“ ...
- Das Lied „Blindsein“ einstudieren[4] (KV 2 / S. 66),
- Blindenschrift kennen lernen – und ausprobieren.

[1] Erich Kästner, geb. am 23.2.1899 in Dresden, gest. am 29.7.1974 in München, einer der weltweit bedeutendsten Schriftsteller: Drehbuchautor, Lyriker (für Kinder und Erwachsene) und Kinderbuchautor.

Werke u.a.: „Emil und die Detektive“ (1928), „Pünktchen und Anton“ (1931), „Das fliegende Klassenzimmer“ (1933), „Till Eulenspiegel“ (1938), „Die Konferenz der Tiere“ (1949), „Das doppelte Lottchen“ (1949), „Die Schildbürger“ (1954), „Als ich ein kleiner Junge war“ (1957), „Doktor Erich Kästners Lyrische Hausapotheke (1936), „Gedichte“ (bei Reclam posthum 1987).

Augenzeuge der Verbrennung seiner u.a. Bücher 1933 auf dem Opernplatz in Berlin; zahlreiche Auszeichnungen nach dem Zweiten Weltkrieg: u.a. Hans-Christian-Andersen-Medaille 1960 („kleiner Nobelpreis“).

[2] Erich Kästner: Monolog des Blinden. Aus: Bei Durchsicht meiner Bücher. © Atrium Verlag AG, Zürich 1946 und Thomas Kästner.

[3] Klaus C. Haase: Das Gedicht im Deutschunterricht. In: Erich Wolfrum (Hrsg.): Taschenbuch des Deutschunterrichts. Baltmannsweiler, 2. Aufl. 1976, vgl. S. 415-438.

[4] Spielbuch Religion 2, hrsg. von Wolfgang Longardt. Zürich – Köln: Benzinger 1981, S. 87. (Strophen 2-7 reimten westfälische und Hamburger Erzieher auf Rissener Werkstattseminaren).

Gedichte | Name: ______________________ am: __________

Monolog des Blinden

Alle, die vorübergehn,
gehen vorbei.
Sieht mich, weil ich blind bin, keiner stehn?
Und ich steh seit drei …!

Jetzt beginnt es auch noch zu regnen!
Wenn es regnet, ist der Mensch nicht gut.
Wer mir dann begegnet, tut
so, als würde er mir nicht begegnen.

Ohne Augen steh ich in der Stadt.
Und sie dröhnt, als stünde ich am Meer.
Abends lauf ich hinter einem Hunde her,
der mich an der Leine hat.

Meine Augen hatten im August
ihren zwölften Sterbetag.
Warum traf der Splitter nicht die Brust
und das Herz, das nicht mehr mag?

Ach, kein Mensch kauft handgemachte
Ansichtskarten, denn ich hab kein Glück.
Einen Groschen, Stück für Stück!
Wo ich selber sieben Pfennig zahlte!

Früher sah ich alles so wie Sie:
Sonne, Blumen, Frau und Stadt.
Und wie meine Mutter ausgesehen hat,
das vergess ich nie.

Krieg macht blind. Das sehe ich an mir.
Und es regnet. Und es geht der Wind.
Ist denn keine fremde Mutter hier,
die an ihre eignen Söhne denkt?
Und kein Kind,
dem die Mutter etwas für mich schenkt?

Erich Kästner

Gedichte | Name: ______________________ am: ____________

Monolog des Blinden (Erich Kästner)

Lies im Gedicht nach und fülle die Lücken aus:

1. Alle gehen ______________________
2. Es regnet ______________________
3. Der Hund hat mich ______________________
4. Zwölfter Sterbetag ______________________
5. Keiner kauft ______________________
6. Bild der ______________________
7. Krieg macht ______________________

Alphabet der Blindenschrift (L. Braille, 1809-1852)

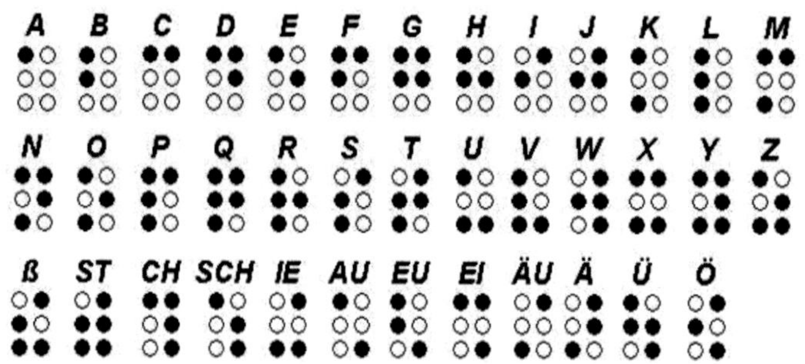

Lerne das Lied „Blind sein"! Stelle es szenisch dar!

2. Komm, bedecke deine Augen, langsam, sacht.
   Immer dunkler wird es dann, fast wie in der Nacht.
3. Taste dich mit Füßen vorwärts, Schritt für Schritt,
   o, wie mühsam ist das Laufen dann bei jedem Tritt.
4. Öffne deine Augen wieder, schau umher!
   Menschen, Blumen, Bäume, Himmel freuen uns so sehr.
5. Mancher lacht dich fröhlich an, schaut dir ins Gesicht,
   mancher ist so traurig heut, lachen kann er nicht.
6. Jesus einst den Blinden heilte, der war froh.
   Weck auch meine Augen auf, hilf mir ebenso.
7. Gib uns offne Augen, Herr, hilf zum rechten Sehn.
   dass wir nicht mit müden Augen durch das Leben gehn.

Text und Melodie: Wolfgang Longardt

4. Volksgut (auf Deutsch, Englisch, Französisch): „Der Winter kommt“

1. Zum Text

Dieses einfache, vierstrophige Kindergedicht[1], aus dem Volksgut stammend, besingt und bejubelt den Winter, der zwar – etwas bedrohlich – auch „Sturm und Eis und Schnee“ (Vers 6) bringt, jedoch aus der Sicht der Kinder erst die rasante und freie Schlittenfahrt ermöglicht.

Diese Winterfreude – das Winterleid bleibt stimmig außer Acht – wird als anhaltende Grundstimmung erzeugt durch das Stilmittel der Wiederholung (Verse 1/2, 4/5, 7/8, 10/11), durch die Reimbildung (Paarreime 1/2, 4/5, 7/8, 10/11) und die übergreifenden Reime (Verse 3 und 12, 6 und 9), durch die Ausrufewörter „juchhe!“ (Vers 9) und „hurra!“ (Verse 10/11), die den Höhe- und Schlusspunkt signalisieren, durch kurze Aussage- und Ausrufesätze und vor allem durch den mitreißenden Rhythmus, der durch den Wechsel von einem (nur) zweihebigen Jambus (Verse 1/2) zu einem dreihebigen (Vers 3 in jeder Strophe) bestimmt wird.

Stilmittel, Rhythmus und Grundstimmung dieses deutschen Kindergedichtes wurden sowohl in der Vertonung als auch in der Übersetzung ins Englische und Französische beibehalten. Geringe Abweichungen ergaben sich nur im Wortschatz.[2]

2. Zur Intention

Es besteht kaum ein Zweifel darüber, dass die Kinder von der froh-beschwingten Grundstimmung des Wintergedichtleins nicht angesteckt würden. So sollten sie sich nach eigener Auswahl einer Textumgangsform möglichst handlungs- und produktionsorientiert, selbstständig und kreativ in der Allein-, Partner-, Gruppen- oder Freiarbeit „betätigen“ dürfen.

Folgende drei Schwerpunkte in der Zielsetzung sollen dabei gelegt werden, und zwar

1. auf die Übung der Lesefertigkeit, der Gestaltung der deutschen, englischen und (falls eingeführt) des französischen Textes,
2. auf die Übung der musikalischen (und szenisch-tänzerischen) Interpretation und Gestaltung des Liedes (mit Instrumentenbegleitung) in zwei bzw. drei Sprachen, und
3. auf die Förderung der literarischen Kreativität in Bezug auf lyrische Kleinstformen zum Motiv „Winter“.

3. Zur Realisierung

Zum Einstieg (mit Zielangabe)

Aufgrund von Naturbeobachtungen und –erlebnissen und in Verbindung mit dem Sachunterricht werden Anzeichen (Schnee, Glatteis, Kälte, ...) und Fixpunkte (Weihnachten, Silvester, Karneval, ...) der Jahreszeit „Winter“ genannt, werden Sprachmaterial, Begriffe und „Gefühle“ „gesammelt“. TA: „Wintergedicht in drei Sprachen“.

Zur Rezeption (mit Aussprache)

Nach dem Lehrervortrag des ersten Wintergedichtes „Der Winter kommt“ und der freien Aussprache erhalten die Kinder die Kopiervorlage 1 (S. 68), wählen einen Text aus, den sie verstehen können und mit dem sie sich beschäftigen möchten.

Gemeinsame Leseübung und freie Aussprache schließen sich an.

Zur Produktion (nach Wahl)

1. Gruppe: die Leser/-innen und Schreiber/-innen (KV 1 / S. 68),
2. Gruppe: die Sänger/-innen und Instrumentalisten (KV 2 / S. 69),
3. Gruppe: die Dichter/-innen (KV 3 / S. 70): 2 von 4 Kleinstformen oder ein Akrostichon).

Akrostichon „Winter“

W	WEIHNACHTEN	W	____________
I	IGEL schläft	I	____________
N	NACHT wird länger	N	____________
T	TABLETTE nehmen	T	____________
E	EIS und Schnee	E	____________
R	RODELFAHRT	R	____________

Du kannst ein „Akrostichon“ auch zu anderen Namenwörtern verfassen, z.B. zu deinem Vornamen, zu „Schnee“, „Fastnacht“ oder „Winterleid „ – „Winterfreud“.

Zur Präsentation

Die Kinder präsentieren ihre ersten Produkte dem Plenum, das diese wohlwollend würdigt.

4. Zur Weiterführung

– Verfeinerung des Lese-, Gedicht- und Liedvortrages,
– weitere Produktionen (für Ausstellungen und Aufführungen).

[1] Volksgut: „Der Winter kommt“. Vom Hrsg. frei nachempfunden dem Herbstgedicht: „Volksgut: Der Herbst ist da“. Aus: Manfred Hahn: „Herbstzeit“. In: Grundschulmagazin 9/1999, S. 17-20.

[2] Vertonung: © Bernhard Watzke, Würzburg. Übersetzung ins Englische und Französische von Brigitte Watzke und Régine Köhler, beide Würzburg. Originalbeiträge.
Dieses volkstümliche Kindergedicht wurde eigens vertont und ins Englische und Französische übersetzt, um der fächerübergreifenden Bildungsarbeit und dem neuen Fremdsprachenunterricht in der Grundschule Rechnung zu tragen.

Gedichte | Name: ______________________ am: ____________

Der Winter kommt

Der Winter kommt
Der Winter kommt.
Der Winter ist schon da!

Der Winter kommt.
Der Winter kommt
mit Sturm und Eis und Schnee.

Mein Schlitten saust.
Mein Schlitten saust
in voller Fahrt, juchhe!

Es schneit, hurra!
Es schneit, hurra!
Der Winter, der bleibt da!

Volksgut

The winter comes

The winter comes.
The winter comes.
The winter, it is here.

The winter comes.
The winter comes
with storm and snow and ice.

My sleigh, it runs.
My sleigh, it runs.
Full speed is very nice.

It snows, hurra!
It snows, hurra!
The winter, it stays here.

L'hiver arrive

L'hiver arrive.
L'hiver arrive.
L'hiver est déjà là.

L'hiver arrive.
L'hiver arrive.
Tempête et neige et glace.

Ma luge fonce.
Ma luge fonce
laissant des jolies traces.

Il neige, hurra!
Il neige, hurra!
L'hiver, il reste là!

Gedichte	Name: ______________________	am: ____________

Der Winter kommt	Text: Volksgut / Melodie: Bernhard Watzke

The win-ter comes. The wint-ter, it is here.
The win-ter comes. (with) storm and snow and ice.
My sleigh, it runs. Full speed is very nice.
It snows, hur-ra! (The) win-ter, it stays here.

Male ein Bild dazu:

1. Ihr könnt dieses Wintergedicht bzw. Winterlied auf Deutsch und auf Englisch (eventuell auch auf Französisch) sprechen, vortragen und singen.
2. Sicherlich macht es euch Spaß, dazu Orff-Instrumente, Flöte oder Gitarre zu spielen.
3. Könnt ihr das Lied auch als Bewegungs- oder Tanzspiel darstellen?

Gedichte	Name: ______________________	am: __________

Wintergedichte: Beispiele **Eigenproduktionen**

1. Das „Bildgedicht" (das Piktogramm):

Du kannst auch andere Namenwörter verwenden, z.B. „Schlitten", „Schneeflocke", „Eiszapfen" oder „Vogelhäuschen".

2. Das „Schrift-Gedicht" (das Ideogramm):

Du kannst dir auch andere Schriftformen ausdenken, um bestimmte Gefühle auszudrücken.

3. Das „Winter-Elfchen"

Bauplan	Beispiel
1 Wort: 2 Wörter: 3 Wörter: 4 Wörter: 1 Wort:	Weiß die Hänge, Schi, Rodel gut. Ich freue mich sehr. Winterspaß!
11 Wörter	

Mein „Winter-Elfchen":

____

____

____

____

____

4. Du kannst auch ein ganzes „Abc-Gedicht" schreiben.
Und zwar: „Was ich am Winter mag" oder: „Was ich am Winter nicht mag".

Abfahrt
Bergwacht
C

Arznei
Beinbruch
C

5. Es macht euch sicherlich Spaß, eure Winter-Texte und Winter-Bilder in einem Gedicht-Büchlein zu sammeln.

5. Joseph von Eichendorff: „Weihnachten“

1. Zum Text

Das besinnliche, natur- und gedankenlyrische Weihnachtsgedicht[1] des Romantikers Eichendorff[2] führt die Leserin und den Leser zu innerer Ruhe und Besinnlichkeit. Es ist voller Harmonie. Der Abendspaziergang durch die Stadt hinaus ins Feld ist leicht nachvollziehbar. Die letzte Strophe spricht die Weihnachtsbotschaft im Singen der Natur aus. Dies ist nur mit dem Gefühl begreifbar.
Die vier Strophen mit je vier Versen sind klar und einheitlich aufgebaut. Das Versmaß ist ein vierhebiger Trochäus. Die Verse 1 und 3 enden jeweils weiblich, die Verse 2 und 4 männlich. Als Reimform tritt der Kreuzreim auf. Dies alles macht den Volksliedcharakter aus. Der Dichter erlebt Weihnachten zweimal: Einmal beim Betrachten des Schmuckes in der Stadt und zum anderen im freien Feld: „Aus des Schnees Einsamkeit steigts wie wunderbares Singen. – O du gnadenreiche Zeit!“

2. Zur Intention

Dieses Gedicht eignet sich in besonderem Maße zur Gestaltung des Schullebens in der Vorweihnachtszeit. Auch Kinder werden nicht von der Hektik und Geschäftigkeit in der Adventszeit verschont. Da tut es Not innezuhalten, still zu werden und sich zu besinnen. Gelingt es uns, still zu werden, alle Hektik zu vergessen, um uns zum Schauen und Staunen bereit zu machen?
Was ist das eigentlich Wichtige an Weihnachten?
Grundlegende literarische Bildung kann beim Umgang mit diesem Gedicht durch lesetechnische Bewältigung, inhaltliche Erschließung, sinndeutende Auslegung und musikalische Gestaltung erreicht werden.

Intentionen im Einzelnen:

- Assoziationen zum Thema Weihnachten herstellen,
- das Gedicht hörend aufnehmen und den Inhalt erschließen,
- die Stimmung während des Spaziergangs des Dichters nachempfinden,
- die Einheit von Inhalt, die Schönheit der Sprache und Form entdecken,
- einen angemessenen Text- und Liedvortrag vorbereiten.

3. Zur Realisierung

Zur Hinführung

Wortimpuls (TA): „Weihnachten“. Brainstorming (mit TA).
Bildimpuls: Zeichnung auf Gedichtblatt (Folie), freie Aussprache.
TA: Joseph von Eichendorff (1788-1857).

Zur Textbegegnung

Die Lehrkraft trägt das Gedicht verhalten gestaltend vor (evtl. zweiter Lehrervortrag; evtl. mit Musikuntermalung: Melodie: „Und in dem Schneegebirge ...“).
Die Kinder lassen Text (und Musik) zunächst auf sich wirken und äußern sich dann spontan. Nachdem das Textblatt (KV 1 / S. 73: oben) ausgeteilt ist, lesen sie es still nach.

Zur Text- und Liedgestaltung

Beim stillen Lesen üben die Kinder der Sprechergruppe einen klanggestaltenden Vortrag. Wir lesen ruhig. (Das Wörtchen „still“ kommt dreimal vor.) Zeilenübergreifendes Lesen in Strophe 2 Vers 1 und 2. Strophe 3 Vers 1 und 2, Strophe 4 Vers 2 und 3. Besonders betont werden die Ausrufesätze. Am Ende lesen wir in einem feierlichen Ton.
Gleichzeitig üben die Kinder der Musikergruppe (Sänger/-innen), Flötenspieler/-innen und andere Instrumentalisten) den Liedvortrag (KV 1 / S. 73: unten) ein, wobei auf einen schlichten, ruhigen, feierlich-getragenen Vortrag geachtet wird.
Beide Gruppen präsentieren dem Plenum ein besonders gut gelungenes Beispiel ihrer ersten Gestaltungsversuche.

Zur Texterschließung

1. Teilziel: Inhalt und Gehalt
Die Kinder vergleichen – in einer Extra-Stunde – ihre anfangs gesammelten Eindrücke zu Weihnachten mit dem Gedicht. Manche Wörter an der Tafel passen auch zu diesem Gedicht! Begriffe werden geklärt unter Hinweis auf die Zeit des Romantikers: „sinnend“, „wunderstill“, „hehr“, „heilig“, „das Schauern“, „Einsamkeit“, „Singen“, „gnadenreich“ ...
In Partnerarbeit werden die Wörter unterstrichen (umrahmt oder auf Wortkarten geschrieben) und an der Tafel gesammelt, die auf Ruhe und Stille hinweisen („still“, „verlassen“, „wunderstill“, „Einsamkeit“ ...). Die Kinder vergleichen Weihnachten heute mit dem Weihnachten zur Zeit Eichendorffs. In Stillarbeit suchen sie zu den Strophen den jeweiligen Ort auf (vgl. TA unten!). Im Unterrichtsgespräch wird überlegt, weshalb Eichendorff diesen Abendspaziergang unternimmt.

2. Teilziel: Form
In Partnerarbeit finden die Kinder Reimwörter und Reimschema heraus und erkennen den klaren Aufbau des Gedichtes. Äußere Form und Inhalt passen zusammen! Ruhe und Stille werden durch den gleichmäßigen Rhythmus und die Reimform ausgedrückt. Diese bewirken die Schönheit der Dichtersprache, der Poesie.

3. Teilziel: Zusammenfassung
Eichendorff erlebt Weihnachten zweimal (in der Stadt und im Freien). Weihnachten ist das Fest der inneren und äußeren Freude! Äußere Freude soll die innere Freude nicht überdecken. Die Kinder markieren an der Tafel die Wörter, die eher zur inneren bzw. zur äußeren Freude passen.

4. Zur Weiterführung

- Lexikonarbeit: Dichterkunde,
- Gedicht- und Liedvortrag einstudieren, evtl. für eine Weihnachtsfeier,
- Gestalten eines Weihnachtsbüchleins mit verschiedenen Gedichten, Bildern, Liedern, Rezepten für den Weihnachtsbasar,
- Internet-Recherche: Weihnachten in den Nachbarländern (Europa),
- Solidarität an Weihnachten (Obdachlose, Asylanten, Einsame, „Adveniat", „Brot für die Welt" ...).

[1] Joseph von Eichendorff: Weihnachten. Aus: Werke in einem Band. Hrsg. von W. Rasch. München/Wien, 3. Aufl. 1984.
[2] Joseph von Eichendorff, geb. am 10.3.1788 auf Schloss Lubowitz/Oberschlesien, gest. am 26.11.1857 in Neiße, bedeutender Lyriker und Erzähler der Romantik, Werke u.a.: „Gedichte" (1837), „Das Marmorbild" (1839), „Aus dem Leben eines Taugenichts" (1826), „Gedichte" (1857), „Neue Gesamtausgabe der Werke und Schriften" (Bd. 1-4) von G. Baumann u. S. Grosse (1957/58). „Hundert Gedichte" (Hrsg.: Walter Lewerenz. Berlin 1986).
Bes. bekannte Gedichte: „Wünschelrute", „Winternacht", „Mondnacht", „Meeresstille", „Frische Fahrt", „Sehnsucht", „Der frohe Wandersmann", „Abschied".
[3] Melodie nach „Und in dem Schneegebirge" (Volksweise aus dem 16. Jh.: Sudetenschlesien. Anm.: Das „Schneegebirge": Riesengebirge, Altvatergebirge, Glatzer Gebirge.
Anmerkung: Wegen der Anpassung an die Melodie wird Vers 3 einer jeden Strophe wiederholt.

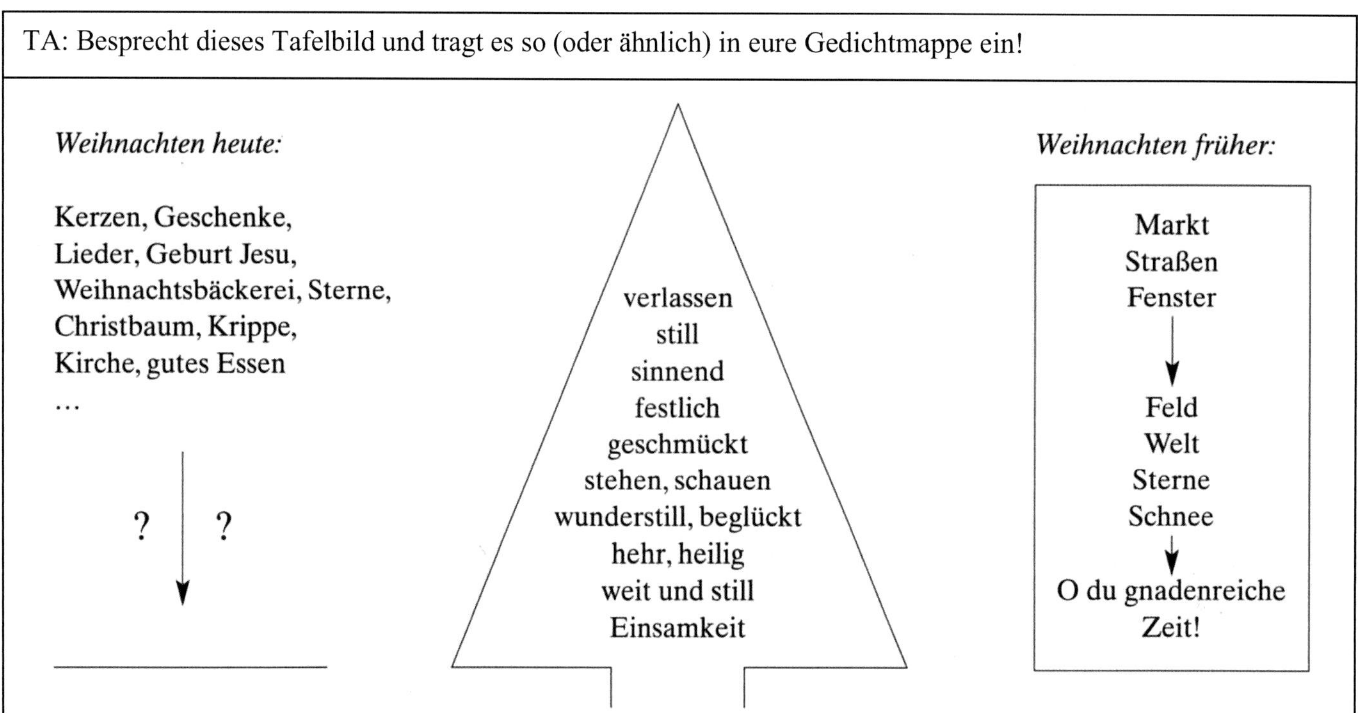

Gedichte	Name: ______________________	am: ____________

Weihnachten

Markt und Straßen stehn verlassen,
still erleuchtet jedes Haus.
Sinnend geh ich durch die Gassen,
alles sieht so festlich aus.

An den Fenstern haben Frauen
buntes Spielzeug fromm geschmückt;
tausend Kindlein stehn und schauen,
sind so wunderstill beglückt.

Und ich wandre aus den Mauern
bis hinaus ins freie Feld,
hehres Glänzen, heilges Schauern!
Wie so weit und still die Welt!

Sterne hoch die Kreise schlingen;
aus des Schnees Einsamkeit
steigts wie wunderbares Singen. –
O du gnadenreiche Zeit!

Joseph von Eichendorff

Weihnachten

M.: Volksweise (16. Jh.)
T.: Joseph von Eichendorff

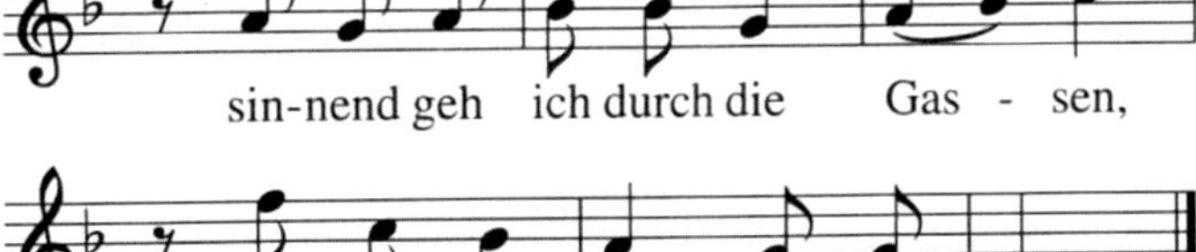

6. Volksgut: „Sprüche für das Poesiealbum"

1. Zum Text

Das Poesiealbum geht zurück auf die Standesbücher der reisenden Ritter im Mittelalter, auf die Stammbücher des Bürgertums in der beginnenden Neuzeit, der Studenten und Handwerksburschen im 18. Jahrhundert. Von da an wurde es von allen Schichten des Volkes aufgenommen, von der Mitte des 19. Jahrhunderts an auch und allmählich allein von Kindern und Jugendlichen. In seiner heutigen Erscheinungsform ist das Poesiealbum als „Freundschaftsbuch" seit etwa sechs Generationen ein liebgewordener Gegenstand eines Brauches, den vor allem die 9- 13jährigen Mädchen pflegen.[1]
Gebraucht wird eine normen- und werttradierende Volkslyrik, die sich zusammensetzt aus Versen und Sprüchen der Hochliteratur, die teilweise anonym geworden sind, aus Zitaten, deren Autoren nicht genannt werden, aus Volkssprüchen und –weisheiten und aus zahlreichen Variationen all dieser Formen. Diese Spruchdichtung weist Metrum und Reim auf, sie ist meist in Zwei-, Drei- oder Vierzeiler gegossen. Den Redeabsichten nach handelt es sich vor allem um Erklärungen („so bleib ich dir doch treu"), um Bitten („sei für mich ein Plätzchen frei"), um gute Wünsche („das höchste Glück sei Dir beschieden") und Ratschläge („So wandle froh …"!). Vereinzelt kommen auch Witzeleien und satirische Bemerkungen vor („Wenn alle schlafen und einer spricht, das nennt man Unterricht.").
Neben diesen literarischen Widmungen spielen auch die „bildkünstlerischen" Beigaben eine bedeutende Rolle. Diese reichen von der Schönschrift, Kunstschrift, farbigen Illustration über bunte Klebebildchen, Freundschaftsstempel bis zu Fotos, getrockneten Blüten und – einem Haarlöckchen.
Die im Poesiealbum versammelten volkslyrischen Sprüche und die bildkünstlerischen Ausschmückungen[2] erfüllen eine soziale Funktion. Beziehungen und Bindungen zwischen Albumbesitzer und Albumschreiber, zwischen Kindern und Eltern, Verwandten, Bekannten, Lehrern, Pfarrern und vor allem gleichaltrigen Freundinnen und Freunden werden dokumentiert und gepflegt.

2. Zur Intention

Das Poesiealbum ist als liebgewordenes Brauchgut der Mädchen, vereinzelt auch der Jungen, nicht wegzudenken. Es erfüllt eine Doppelfunktion, einmal befriedigt es ästhetische Bedürfnisse durch das Lesen, Schreiben, Sammeln und Sich-Erbauen an den einfachen Formen der Volkslyrik und Volkskunst, zum anderen stillt es soziale Bedürfnisse nach Kontaktpflege, -bestätigung und Anerkennung.
Die schulische Behandlung dieses Freizeitgegenstandes – einmal im Schuljahr, vielleicht zur Winterszeit (oder am Schuljahresende) – soll deshalb auf keinen Fall eine Abqualifizierung bewirken: Im Gegenteil, die Kinder sollen in ihrer Freude im Umgang mit ihrem Album bestätigt, bestärkt und zu einem bewussteren Gebrauch hingeführt werden. Auf diese Weise wird das Poesiealbum nicht als ein lächerliches, kitschiges Relikt, sondern als ein Dokument intensiver sozialer Kontaktpflege und volkstümlicher Gebrauchslyrik und –kunst betrachtet.

Intentionen im Einzelnen:

- Interesse am Gebrauch des Poesiealbums finden,
- die Aussagen der lyrischen Sprüche und die der bildkünstlerischen Beigaben verstehen,
- eigene Gestaltungen (Variationen, Neuschöpfungen) schaffen.

3. Zur Realisierung

Zum Einstieg

1. Gegenstand: Aus aktuellem Anlass zeigt die Lehrkraft ein Poesiealbum, die Kinder beschreiben es, erzählen vom eigenen Gebrauch. Impuls: „Ich freue mich, dass ich hineinschreiben darf. Ich weiß aber nicht recht, was." Vorschläge der Kinder …
2. Zielangabe: „Bevor ich mich entscheide, bevor wir uns entscheiden, wollen wir uns mehrere Alben anschauen."
   Alle Kinder erhalten danach eine Materialsammlung (KV 1 / S. 76)[3].

Zur Rezeption

Die Schüler/-innen erlesen zunächst still diese Textbeispiele, lesen dann laut diejenigen vor, die ihnen besonders gefallen bzw. nicht gefallen. Die freie Aussprache darüber leitet über zur Reflexionsphase.

Zur Reflexion

Die Ergebnisse der Partnerarbeit (Fragebogen: S. 75):

1. Die Personen: Die Kinder geben die Antworten zu Frage 1 bis 4 und die Begründungen zu „Für oder Wider".
2. Die Aussagen: Die Kinder lesen jeweils ihren Lieblingsspruch vor, begründen ihre Wahl. Wir ordnen im gelenkten Unterrichtsgespräch die lyrischen Aussagen dieser und anderer Beispiele (TA):

Erklärungen	Bitten
Dankbarkeit Treue Freundschaft Liebe __________	Zuneigung Andenken __________ __________ __________
gute Wünsche	**gute Ratschläge**
Gesundheit Wohlstand Glück Frieden __________	Frohsinn Bescheidenheit Gottvertrauen __________ __________

3. Die Gründe: Wir diskutieren darüber, warum wir ein Poesiealbum führen bzw. nicht führen. Die Antworten werden lauten: „Weil es uns Freude macht, gute Freundschaften zu pflegen.“ Oder: „Wir benutzen heute lieber Facebook.“ – Eine Diskussion über „Fluch und Segen“ durch Facebook schließt sich an.

Zur Produktion

1. Vorbereitung und Durchführung eines Eintrags Impuls: „Erinnert ihr euch? Ich suchte einen schönen Spruch. Ich weiß nun, was ich in das Album schreibe und male. Ihr auch?“
2. Gestaltungsversuche (S. 76 rechts, Frage 5-7): Gestaltungsversuche in Schrift, in Kunst, im Bilden von Variationen bekannter Verse, im Erfinden neuer Sprüche, die dann auch eingetragen werden.

4. Zur Weiterführung

- Präsentieren der Eigenproduktionen,
- Schrift- und Bildgestaltung eines Spruchs,
- Ausstellung von „Mustern“ im Klassenzimmer,
- Kontaktpflege mit dem „Poesie-Album“ (versus „Facebook“): Diskussion.

[1] G. Angermann: Stammbücher und Poesiealben im Spiegel ihrer Zeit. Münster 1971.
[2] H. Kämpf-Jansen: „Und wenn du eine Rose siehst, so denk an mich zurück!“ In: Kunstvisuelle Kommunikation, hrsg. von H.K. Ehmer. Gießen [4]1976.
[3] Quellen: Volksgut, gesammelt aus Poesie-Alben.

Das Poesiealbum

Fragebogen

1. Hast du ein Poesiealbum? Ja ☐ Nein ☐
   Warum? ______________________________
   ____

2. Welche Personen stehen im Album?
   ____
   ____
   ____
   ____

3. Welcher Spruch gefällt dir am besten? Schreibe ihn auf!
   ____
   ____
   ____
   ____
   ____
   ____

4. Welche Erklärungen, Bitten, Wünsche und Ratschläge stehen drin?
   ____
   ____
   ____
   ____
   ____
   ____

5. Wähle einen Spruch aus, der dir nicht besonders gut gefällt!
   ____
   ____
   ____
   ____

6. Verfasse selbst einen Spruch! Für wen?
   ____
   ____
   ____
   ____

7. Möchtest du ein Poesiealbum führen?
   Ja ☐ Nein ☐
   Warum?
   ____
   ____

Gedichte | Name: ______________________ am: ____________

Volksgut: Sprüche für das Poesiealbum

Ihr lieben Kinder groß und klein,
haltet mir das Album rein,
reißt mir nur kein Blatt heraus,
sonst ist es mit der Freundschaft aus!

Immer will dein Freund ich bleiben,
ob du fern bist oder nah!
Das für ewig aufzuschreiben,
dazu ist das Album da!

Immer vorwärts, nie zurück,
frischer Mut bringt neues Glück!

Wenn du einst nach vielen Jahren
dieses Büchlein nimmst zur Hand,
denk daran, wie froh wir waren
auf der alten Schülerbank!

Rosen, Tulpen, Nelken,
keimen, blühen, welken.
Aber unsre Freundschaft bleibt
immer und in Ewigkeit.

Das höchste Glück sei dir beschieden!
So wandle froh durchs Leben hin!
In deinem Herzen wohne Frieden,
auch sei für mich ein Plätzchen drin!

Ich hab mich hinten angewurzelt,
dass niemand aus dem Album purzelt,
und wer dich lieber hat als ich,
der schreibe bitte hinter mich!

Mein Spruch:

____

____

____

____

7. Volksgut: „Jetzt fängt das schöne Frühjahr an“ / Ludwig Hölty: Frühlingslied“

1. Zum Text

In diesen beiden naturlyrischen Gedichten besingt das jeweilige lyrische Ich die bunten Blumen, namentlich die Schlüsselblumen und die Maiglöckchen, und die Nachtigall als Boten des Frühlings.
Im mündlich überlieferten **Volkslied**[1] jubelt der Sänger oder die Sängerin über das schöne, farbenprächtige und allgegenwärtige Frühjahr und über das Wandern durch die vom Gesang der Nachtigall erfüllte Natur. Seine oder ihre jubelnde Freude drückt er oder sie aus durch eine poetische Sprache, die harmonisch geformt wurde in drei Strophen mit je drei Versen im Reimschema aaa (Vers 3: Vokalreim: an-an-all) und mit regelmäßigen vier jambischen Versfüßen.
Eine wunderschöne und eingängige Melodie „verwandelte“ dieses Gedicht in ein beliebtes Volkslied.
Über das **Frühlingslied**[2] und seinen Dichter schreibt Klaus C. Haase[3] Folgendes: „Ludwig Hölty (1748-1776), jung verstorbener Zeitgenosse der Kurzepoche ‚Empfindsamkeit (ca. 1740 bis ca. 1780)‘, wurde in Deutschland nicht unwesentlich geprägt von dem ‚Messias‘-Autor und Oden-Dichter Friedrich Gottlob Klopstock (1724-1803) und ist als Lyriker liedhafter Formen den Dichtern des Göttinger Hainbundes (nach Klopstocks Ode ‚Der Hügel und der Hain‘) zuzuordnen. Die zehn Verse des zweistrophigen ‚Frühlingslieds‘ sind regelmäßig jambisch (= steigtonig) gebaut und schlicht gereimt (a a b c b, d d e e f: jeweils Paarreim und umarmender bzw. umschließender Reim).
Der Blick des Sängers richtet sich zunächst von der blauen Luft der Ferne in das grüne Tal, schließlich auf die täglich bunter werdende Wiese voller Maiglöckchen und Schlüsselblumen (Verse 1-5). Die zweite Strophe (Verse 6-10) wendet sich den Menschen zu, die sich der blühenden Maiwiese freuen, die für die gesamte ‚Pracht‘ (Vers 9) der Frühlingswelt steht, die wir Menschen wie alle Geschöpfe ‚Gottes Vatergüte‘ (Vers 8) verdanken. Es ist ein Lied voller frühlingsfroher Gläubigkeit.“
Beide Gedichte sind erfüllt von dieser äußerst positiven Grundstimmung der Freude, ja des Glücklichseins, in einer „schönen, bunt blühenden Natur“, die zum fröhlichen Wandern und Singen in einer „heilen Welt“ einlädt. Freilich werden sich realistische Leser/-innen, auch kritische Schüler/-innen, fragen, ob es denn heute diese „lyrisch verklärte“ heile Natur, die „heile Welt“, noch gibt angesichts der vieler- bzw. mancherorts bereinigten, ausgeräumten und mit Monokulturen bebauten Fluren. Wer kennt denn heute noch z. B. Feldraine mit bunten Wiesen- und Wildblumen, Getreidefelder mit Korn- und Mohnblumen, Hecken- und Obstbaumzeilen als Schutzzonen für Vögel? Hat nicht schon das „große Bienensterben“ und „Artensterben“ begonnen?

2. Zur Intention

Unsere zwei Frühlingsgedichte, die wir zum wertvollen Kultur- und Bildungsgut zählen, das es zu erhalten und zu tradieren gilt, stellen die Schülerinnen und Schüler eines vierten Schuljahrs nicht vor unüberwindbare Hürden. Aufgrund ihres Einfühlungs-, Verstehens- und Gestaltungsvermögens erscheint es möglich, dass die Kinder sowohl Gehalt (Inhalt) und Gestalt (Form) der Gedichte erkennen, die Aussage und Botschaft des jeweiligen lyrischen Ichs verstehen als auch die Grundstimmungen nacherleben können.
Im kritischen Vergleich der eigenen und gegenwärtigen Erlebniswelt mit der lyrisch verklärten „heilen Welt“ der Vergangenheit werden sie die Kraft der Poesie, die Schönheit der Sprache und die positive Einstellung zum erwachenden Leben, zum Kreislauf des Lebens, erahnen.

Intentionen im Einzelnen:

- Frühlingsgedichte und –lieder kennen lernen, eines auswählen und mit ihm individuell und frei umgehen,
- über Gedichte nachdenken, miteinander reden und sich austauschen,
- sprecherische, musikalische und/oder literarische Kreativität entwickeln.

3. Zur Realisierung

Zur Einstimmung

Musikimpuls: Abspielen der Melodie „Jetzt fängt das schöne Frühjahr an“ (S. 78).
Wortimpuls (TA): „Unser Wandertag in den Frühling“; Brainstorming, Zielangabe (TA): „Zwei Frühlingsgedichte …“.

Zur Textbegegnung

Stille Lektüre der zwei Frühlingsgedichte (KV 1 / S. 79) mit den Hinweisen:
- sorgfältiges Lesen aller Beispiele,
- begründete Auswahl **eines** Gedichtes,
- Vortragsvorbereitung dieses Textes,
- Vorstellen dieses Gedichtes im Plenum.

Zur Texterschließung

Freies und – falls erforderlich – gelenktes Unterrichtsgespräch über
- die Auswahl des „Lieblingsgedichtes“,
- die Grundstimmung des lyrischen Ichs,
- die „heile Welt“ im Gedicht i. V. zu heute,
- die Schönheit der poetischen Sprache,
- den Klang ihrer inneren Melodie,
- die Gedanken, Meinungen und Gefühle der Schüler/-innen.

Zur Textgestaltung

Den Gedichten wohnt eine schöne Melodie inne. Siehe rechte Spalte (Höltys Gedicht wurde dabei vom Verf. an das Volkslied angepasst.)
In selbst gebildeten Gruppen üben die Kinder das frei gewählte Lied ein für einen Vortrag vor den übrigen z. T. konkurrierenden Mitschülerinnen und Mitschülern.
Ein gemeinsames Singen, evtl. begleitet von Musikinstrumenten, bildet den krönenden Abschluss unseres Gedichtumgangs.

4. Zur Weiterführung

- Verfeinern des Gedicht- und Liedvortrags,
- Im Anschluss: Textumgang mit Gedichten der Gegenwartslyrik (z. B.: Josef Guggenmos, James Krüss, Jutta Richter, Alfons Schweiggert oder Ilse Kleberger),
- Planen und Durchführen der Freiarbeit i. S. der „Werkstattmethode“ (siehe „Übersicht: Gedichtumgang …“ auf S. 111f.).

Jetzt fängt das schöne Frühjahr an

Es blühen Blumen auf dem Feld,
sie blühen weiß, blau, rot und gelb,
es gibt nichts Schönres auf der Welt.

Jetzt geh ich über Berg und Tal,
da hör ich schon die Nachtigall
auf grüner Heid und überall.

Volksgut

Frühlingslied

Drum komme, wem der Mai gefällt,
und freue sich der schönen Welt
und Gottes Vatergüte,
die diese Pracht hervorgebracht,
den Baum und seine Blüte.

Ludwig Hölty

---

[1] Volkslied: Jetzt fängt das schöne Frühjahr an. Text u. Melodie aus Volksgut mündlich überliefert.

[2] Ludwig Hölty: Frühlingslied. Aus: Gedichte. 1804.
Ludwig Hölty, geb. 1748 in Mariensee bei Hannover, gest. 1776 ebendort. Dichter, Lyriker.
Werke u.a.: „Gedichte“ (1804). Berühmt: „Üb immer Treu und Redlichkeit!“. „Balladen“ im „Göttinger Musenalmanach“ (gem. mit G. A. Bürger, 1774).

[3] Klaus C. Haase / Oswald Watzke: Ludwig Hölty: Frühlingslied. In: Oswald Watzke (Hrsg.): Gedichte in Stundenbildern 4. Donauwörth 2000, 4. Aufl., S. 47.
Anmerkung: Zitat zur Erinnerung an Klaus C. Haase (1931-2007), dem lieben Kollegen, Freund und Mitautor.

Gedichte | Name: ______________________ am: ____________

Hier ist Platz
für eine Collage:

Jetzt fängt das schöne Frühjahr an

Jetzt fängt das schöne Frühjahr an
und alles fängt zu blühen an
auf grüner Heid und überall.

Es blühen Blumen auf dem Feld,
sie blühen weiß, blau, rot und gelb,
es gibt nichts Schönres auf der Welt.

Jetzt geh ich über Berg und Tal,
da hör ich schon die Nachtigall
auf grüner Heid und überall.

Volksgut

Frühlingslied

Die Luft ist blau, das Tal ist grün,
die kleinen Maienglöckchen blühn
und Schlüsselblumen drunter;
der Wiesengrund ist schon so bunt
und malt sich täglich bunter.

Drum komme, wem der Mai gefällt,
und freue sich der schönen Welt
und Gottes Vatergüte,
die diese Pracht hervorgebracht,
den Baum und seine Blüte.

Ludwig Hölty

8. Ilse Kleberger: „Frühling"

1. Zum Text

In diesem sowohl natur- als auch geschehnislyrischen Gedicht schildert und beschreibt Ilse Kleberger (1921-2012)[1] vor allem die fröhlichen Spiele im Frühling, die zu ihrer Kinderzeit noch üblich waren.
Sie beobachtet zwar auch das Erwachen der Natur im Frühling, wenn sie die singende Amsel, die flirrende Sonne und den blühenden Apfelbaum erwähnt, sie nimmt jedoch vor allem die spielenden Kinder in den Blick, die sie direkt („du", „dein") anspricht, und einen alten Mann, der sich in der Frühlingssonne wärmt.
In sieben Reimpaaren, deren Versfüße nicht regelmäßig gefüllt sind, erklärt die Autorin den Kindern, warum diese sich „so fröhlich" fühlen, eben deshalb: „Weil Frühling ist!"
Diese ganz einfache, aber positive Grundhaltung und die überzeugende Erklärung gegenüber dem Thema „Frühling" sind die wesentlichen Aussagen des lyrischen Ichs. Diese positive Grundstimmung der Fröhlichkeit und der Spielfreude – im Freien zu erleben – ergreift (vielleicht) auch die Kinder von heute. Aber: Welche Schülerin, welcher Schüler spielt heute noch mit einem Gummiball, Sprungseil oder Kreisel? Oder tanzt noch Ringelreigen (Ringelreihen), wie es in manch anderem Volkslied oder traditionellen Frühlingsgedicht erzählt wird?

2. Zur Intention

Der Blick zurück in die Kinderzeit der Eltern und vor allem auch der Großeltern, die gerne davon erzählen, kann – und soll – das Interesse der Schüler/-innen wecken an Inhalt, Form, Aussage und Grundstimmung dieses Frühlingsgedichtes aus dem 20. Jahrhundert.
Den Vergleich mit ihrer eigenen Spielwelt und ihren eigenen Stimmungen im Frühjahr können sie literarisch verarbeiten, indem sie neue Überschriften und Reime finden, Verse verändern und vor allem das Originalgedicht erweitern. Dies lässt sich kreativ vorbereiten durch das Beobachten der Natur mit allen Sinnen und den durch Clusterbildung gesammelten Wortschatz, der geordnet und in eine Gedichtform gebracht wird.
Die sprechgestaltende Interpretation des originalen <u>und</u> erweiterten Gedichtes könnte im Rap und seiner Performance einen abschließenden Höhepunkt bilden.

Intentionen im Einzelnen:

- sich mit einem Frühlingsgedicht auseinandersetzen,
- dieses sprecherisch, musikalisch und szenisch darstellen,
- dieses literarisch-kreativ „behandeln",
- dieses (oder auch ein anderes) nach einem Gruppenthema „bearbeiten".

3. Zur Realisierung[2]

Zur Einstimmung

Wortimpuls: „Unser letztes Frühlingsgedicht?" Wiederholung, auswendiger Vortrag? Oder:
Bildimpuls: „Strauß Frühlingsblumen". Brainstorming. Oder:
Dingimpuls: „Kreisel", „Musik-Kreisel", „Hüpfseil". Freie Aussprache, Vermutungen …

Zur Textbegegnung

Lehrer- (oder vorbereiteter) Schülervortrag, Wiederholung, erste Spontanäußerungen; stille Lektüre des Gedichtblattes (KV 1 / S. 82) mit

- Vorüberlegungen zur Textillustration,
- Gedanken, Gefühlen, Meinungen,
- Notizen für die Aussprache,
- Vorübungen zum Gedichtvortrag.

Zur Texterschließung

1. Teilziel: Aussprache
Die Kinder äußern sich spontan und berichten (frei und gelenkt) über die Leseaufträge, gestellt in der Phase der Textbegegnung.

2. Teilziel: „Mit allen Sinnen …"
Die Kinder untersuchen an diesem Gedicht <u>und</u> an den beiden Frühlingsliedern (siehe 3.1), wie das jeweilige lyrische Ich „mit allen Sinnen" die Natur und den Menschen im Frühling beobachtet.
Auftrag (TA oder Folie):

Wir können den Frühling sehen: ______________________ ______________________ hören: ______________________ ______________________ riechen: ______________________ ______________________ fühlen: ______________________ ______________________
Grundstimmung: ______________________ ______________________
Meine Meinung: ______________________ ______________________

Zur Textgestaltung

1. Teilziel: Eigenproduktion
Die Kinder nehmen ebenfalls den Frühling mit allen Sinnen wahr, sammeln und ordnen den Wortschatz (für Anzeichen, Gefühle ...) für ein eigenes kleines Frühlingsgedicht (mit neuen Überschriften):

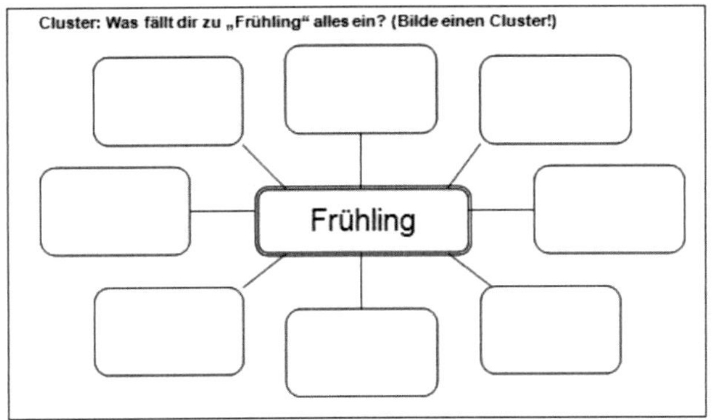

2. Teilziel: Performance
Die Kinder bereiten in (konkurrierenden) Gruppen den sprechgestaltenden, mimisch-gestischen Gedichtvortrag und/oder den zu erfindenden Sprechgesang (Rap) vor und stellen sich mit ihrer Performance der Kritik ihrer Mitschüler/-innen.

3. Teilziel: Gruppenthema / Freiarbeit
Die Kinder wählen aus unseren drei Frühlingsgedichten einen „Lieblingstext" aus. In Allein-, Partner- oder (vor allem) in Gruppenarbeit beschäftigen sie sich nun - entsprechend ihrem Gruppenthema (siehe S. 111) – mit ihrem ausgewählten Frühlingsgedicht.
Sie rezitieren, inszenieren, musizieren, illustrieren oder „dichten" ...
Sie präsentieren, koordinieren, diskutieren und würdigen gegenseitig die ersten Ergebnisse ihrer Versuche zur Textdeutung und Textgestaltung.

4. Zur Weiterführung

- Verfeinern des Gedicht- und Rapvortrags (und der anderen Produktionsergebnisse),
- Planen und Durchführen eines kleinen Frühlingsfestes (zur Bereicherung des Schullebens).

---

[1] Ilse Kleberger: Frühling. Aus: Hans Joachim Gelberg (Hrsg.): Die Stadt der Kinder. Recklinghausen: Bitter 1969 u. Weinheim: Beltz & Gelberg [2]1999.
Zur Biografie: Ilse Kleberger, geb. 22.3.1921 in Potsdam, gest. 2.1.2012 in Berlin. Ärztin, Erzählerin, bekannte Kinder- und Jugendbuchautorin.
Werke u.a.: „Wolfgang mit dem Regenschirm" (1961), „Ferien mit Oma" (1967), „Münchhausen in Florenz" (1981).
[2] Zur Realisierung:
Oswald Watzke: „Frühlingsgedichte – mit Vergnügen". In: Grundschulmagazin. München, 3/1998, vgl. S. 16ff.
Gudrun Schulz: Umgang mit Gedichten, Berlin 1997, vgl. S. 21ff. (Zitat S. 25). Gudrun Schulz weist auf die Möglichkeiten hin, ein Gedicht zu behandeln, ohne dessen Titel zu nennen. Kap. „Das Rätsel lösen – dem Gedicht einen eigenen Titel verleihen": „Aber die Kinder stellen auch fest, dass mancher Titel ebenso schön ist wie der der Dichterin."
Irene Lauber: „Kinder schreiben ein eigenes Frühlingsgedicht". In: Grundschulmagazin 3/1998, S. 19f. Irene Lauber empfiehlt für die Erarbeitung: „1. Teilziel: Sammeln von Eigenschaften des Frühlings ... sehen ... hören ... riechen ... fühlen ... 2. Teilziel: Ordnen der Stichpunkte. 3. Teilziel: Verfassen eines eigenen Gedichtes ...".

Gedichte | Name: ______________________ am: ____________

Hier ist Platz
für eine Collage:

Frühling

Die Amsel singt
und dein Gummiball springt.
Die Sonne flirrt
und dein Sprungseil schwirrt.
Der Apfelbaum blüht
und dein Rollschuh zieht
eine schnurgerade Bahn.
Und ein alter Mann
spazieren geht …
Und dein Kreisel dreht
sich rundherum.
Und du weißt nicht, warum
du so fröhlich bist?
Weil Frühling ist!

Ilse Kleberger

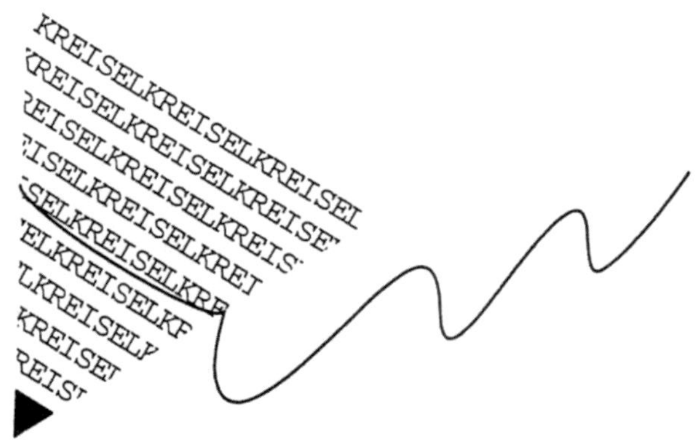

9. James Krüss: „Das Lachen von Babett"

1. Zum Text

In traditioneller Form lyrischer Aussage gestaltet James Krüss in diesem Mit- und Umweltgedicht[1] mit geschehnis-, gedanken- und naturlyrischen Elementen ein zeitgemäßes Thema.
Wir entdecken zwei Ebenen der Kinderballade, eine äußere, auf welcher die Konfrontation zwischen Zivilisation (Technik, Industrie) und Natur abläuft, und eine innere, auf welcher sich der Stimmungswandel von Traurigkeit zur Fröhlichkeit im Menschen vollzieht. Beide Ebenen bedingen sich einander, sind voneinander abhängig. Eine triste Umwelt bedrückt den Menschen einerseits, andererseits kann ein fröhlicher Mensch durch sein Lachen Mit- und Umwelt verschönern. Diesem Vorgang entspricht auch der Aufbau des Gedichtes.

1. Situation (Strophe 1 und 2): graue Stadt – Traurigkeit der Menschen („grau", „stumpf"),
2. Situation (Strophe 3 bis 6): Verwandlung durch sonniges Lachen („Sonne im Gesicht"),
3. Situation (Strophe 7 und 8): Fröhlichkeit der Menschen – helle Stadt („Lachen von Babett").

Die Kraft des Lächelns, des Lachens, des Frohsinns bewirkt die Verwandlung des Menschen, der nun auch die Umwelt mit anderen Augen sieht, obwohl diese durch realistische Maßnahmen des Umweltschutzes verändert werden muss. Aber, der Dichter glaubt auch an die Macht ideeller Werte, wie er es in der letzten Strophe ausdrückt: Nicht der Wind, wie alle meinen, sondern das Lachen des Mädchens, das sich den Frohsinn des Herzens bewahrt hat, verwandelt die Mit- und Umwelt.
In strenger Formkunst (regelmäßiger Kreuzreim, regelmäßiges Metrum: Vers 1 und 3: vier Hebungen, Vers 2 und 4: drei Hebungen) hat James Krüss[2] die Einheit von Gehalt und Gestalt geradezu ideal verwirklicht.
Das Adjektiv „grau" symbolisiert Stadt und Industrie, die Farben „Grün", „Rot", „Gelb" und „Lila" stehen für die Natur. Die Adjektive „nebelig", „dumpf", „stumpf" und wiederum „grau" beschreiben die Traurigkeit des Menschen, die Adjektive „vergnügt", „lieb", „nett", „hell" und „klar" seine wieder erlangte Fröhlichkeit.

2. Zur Intention

Auch die Kinder dieser Altersstufe verfügen bereits über die Erfahrung, dass sie starken Gefühlsschwankungen unterworfen sind, dass ein Lachen anstecken und fröhlich machen kann. Diese Erfahrung soll durch die Begegnung mit diesem Gedicht erhärtet werden; denn sie kann helfen, eine triste Umgebung und eine traurige Stimmung des Menschen vergessen zu lassen.
Vom Hören, vom stillen Nachlesen, von der Arbeit am Text und vom sprecherischen und szenischen Gestalten ausgehend sollen die Kinder weiterhin entdecken und erleben, wie Inhalt (Stimmungen) und Sprache (Adjektive) übereinstimmen.
Sprachlich und inhaltlich bietet der Text keine Schwierigkeiten. Realisten und Skeptiker werden vermutlich die Macht des Lachens bezweifeln. Aber vielleicht werden sie doch verstehen, dass die Fröhlichkeit, eine positive Einstellung zur Mit- und Umwelt, triste Umstände besser ertragen lässt, ja sie zu überwinden hilft. Freilich muss hier eingestanden werden, dass es Verhältnisse gibt, die nur durch eine reelle Tatkraft verbessert werden können. Dies wäre z.B. ein Thema für den heimatkundlichen Sachunterricht („Umweltschutz").

Intentionen im Einzelnen:

- erkennen, dass eine graue Umwelt die Menschen traurig machen kann,
- erkennen, dass ein Lachen die Traurigkeit vertreiben, die Menschen fröhlich und glücklich machen kann,
- den dreigliedrigen Aufbau des Gedichtes feststellen,
- die Einheit von Inhalt (hier Stimmungen) und Sprache (hier Eigenschaftswörter) entdecken,
- das Gedicht klang- und sinngestaltend, ausdrucksstark vorlesen, es als Rap vortragen,
- sich in einer frei gewählten Umgangsform mit dem Gedicht näher befassen.

3. Zur Realisierung

Zur Hinführung und Einstimmung

1. Motivationsbild: „ein weinendes Kindergesicht". – Freie Aussprache …
2. Motivationsbild: „ein lachendes Gesicht." – Freie Aussprache. Impulse: „Welches Bild ist dir lieber?" „Erzähle, wie du einmal durch dein Lachen Menschen froh gemacht hast! Oder: Wie du selbst einmal wieder froh geworden bist!"
3. Zielangabe: TA: „Das Lachen von Babett" von James Krüss (1926-1997).

Zur Textbegegnung

1. Lehrervortrag (evtl. mit Hintergrundmusik).
2. Stilles Nachlesen der Kinder (Gedichtblatt).
3. Freie Aussprache (mit „Beleglesen") über Text und Zeichnung (KV 1 / S. 85).

Zur Textdurchdringung

1. Teilziel: Erkennen des dreiteiligen Aufbaus
Impuls: „Die Handlung verläuft in Abschnitten." – Stilles Erlesen – Markieren – Berichten. Im gelenkten Unterrichtsgespräch und im wiederholenden Textlesen stellen die Kinder die Dreiteilung fest (TA links).

2. Teilziel: Einheit von Inhalt und Sprache
In Alleinarbeit und anschließendem Bericht (mit TA rechts) werden die treffenden Namen- und Eigenschaftswörter herausgefunden. Aufträge:

1. Unterstreiche (oder markiere) mit Grau alle Dinge und deren Eigenschaften, die grau und traurig sind!
2. Unterstreiche (oder markiere) mit Gelb alle Dinge und deren Eigenschaften, die hell und froh sind!
3. Beachte: Einige Schlüsselwörter musst du einmal grau, einmal gelb unterstreichen!

3. Teilziel: Erfassen der Bedeutung
Im freien Unterrichtsgespräch wird über diese (u.a.) Fragen diskutiert: „Kann das wahr sein?" „Kann Lachen anstecken?" „Kann Lachen glücklich machen?" „Lachst du oft und gerne?" Als Ergebnis könnten vielleicht die Erkenntnisse (TA unten) festgehalten werden.

Zur Klanggestaltung

1. „Fühle dich ein! Welche unterschiedlichen Stimmungen haben die Menschen? Die Farben, die du eingetragen hast, helfen dir dabei!"
2. Gestaltungsversuche:
   1. Abschnitt (Strophen 1 und 2): Tiefpunkt, langsam und traurig sprechen, dunkel, tief.
   2. Abschnitt (Strophen 3 bis 6): Vom Normalton zum ersten Höhepunkt, etwas schneller, höher, freudiger sprechen, vor allem Strophe 6.
   3. Abschnitt (Strophe 7 und 8): Strophe 7 als Höhepunkt sprechgestalten, strahlend; Strophe 8 als „Abgesang" sprechen.
3. Ausklang: Ein oder zwei Kinder tragen abschließend das Gedicht ausdrucksstark vor. Die Schlussstrophe sprechen alle im Chor.

4. Alternative

Anstelle dieses stark textanalytisch bestimmten Stundenbildes könnte anhand der Übersicht der Umgangsarten (siehe S. 111f.) ein freierer Gedichtumgang gewählt werden, in welchem den Kindern noch mehr Kreativität und Handlungsspielraum gewährt wird.
In den Mittelpunkt könnte dabei die sprecherische und szenische Gestaltung der Kinderballade gerückt werden, damit die Kinder die lyrischen Grundstimmungen (und ihren Wandel) sowohl nacherleben als auch darstellen können.

Hinweise für eine Inszenierung

- Personen auswählen lassen: Sprecherin und Sprecher, Darstellerinnen und Darsteller (Kind, Mann, Frau, Babett, Leute, Bub und Mädchen),
- Requisiten herstellen (Strophe 1: „Schlot" und „Rauchwolke" aus Pappkarton, Strophe 4 und 5: „Sonne mit Strahlen" aus Pappe, Strophe 6: „graue Wolken", „Fetzen Himmelblau" aus Stoff, Strophe 7: „gelbe, lila, rote und grüne Bänder"),
- Regieanweisungen überlegen und festlegen (Mimik, Gestik, Schritte, Handlung und evtl. Spiel und Tanz),
- musikalischen Hintergrund gestalten (Singstimme, Instrumentenspiel, Orff-Instrumente, CD-Einspiel passender Musikstücke),
- Textvortrag als Rap vorbereiten (Rapperin, Rapper, Performance ...),
- Dokumentieren der Präsentationen durch Tonaufnahme und Verfilmen (Handy, Kamera ...).

5. Zur Weiterführung

- Eintrag der Tafelanschrift in Gedichtheft,
- Kunsterziehung: „lachende und weinende Gesichter",
- kleine Autorenkunde (Internet-Recherche),
- Sprech-, Rap- und Spielgestaltung verfeinern (evtl. für eine Aufführung).

[1] James Krüss: Das Lachen von Babett. Aus: Der wohltemperierte Leierkasten. Gütersloh u. München: © Bertelsmann 1961 u. [2]1997. Biografie S. 40.
[2] Er hat „in metrischer Glätte gedichtet", wie er es selbst über Josef Guggenmos formuliert hat. In: James Krüss (Hrsg.): So viele Tage wie das Jahr hat. München, 7. Aufl. 1999, S. 275.

TA (oder Folienpräsentation):

Das Lachen von Babett (von James Krüss):

Aufbau	Inhalt (Stimmungen)	Sprache (Adjektive)
Strophen 1 und 2	*Ausgangsbild:* graue Stadt traurige Menschen	grau (nebelgrau) dumpf, stumpf, ...
Strophen 3 bis 6	*Verwandlung:* die liebe Babett Sonne im Gesicht steckt an zum Lachen	vergnügt, nett himmelblau ...
Strophen 7 und 8	*Schlussbild:* fröhliche Menschen helle Stadt	lieb, nett gelb, lila, rot, grün hell, klar

Erkenntnisse: Ein Lachen kann schlechte Laune vertreiben.
Ein Lachen kann ansteckend wirken.
Ein Lachen kann andere Menschen glücklich machen.

Gedichte	Name: ______________________	am: __________

Das Lachen von Babett

In einer Stadt stand Schlot an Schlot.
Drum gab es dort viel Rauch.
Verschwunden waren Grün und Rot
und Gelb und Lila auch.

Und jeder Mensch, Kind, Mann und Frau,
schien nebelig und dumpf.
Gesicht und Mienen waren grau
und alle Augen stumpf.

Ein Mädchen nur, es hieß Babett
und war neun oder zehn,
sah man vergnügt und lieb und nett
durch graue Straßen gehn.

Sie lachte, wie sie's immer tat.
Sie quengelte auch nicht.
Sie hatte in der grauen Stadt
die Sonne im Gesicht.

Und Sonnenschein, das weiß man ja,
der Sonnenschein steckt an.
Ganz plötzlich lachten hier und da
Bub, Mädchen, Frau und Mann.

Es blitzte durch das Nebelgrau
ein Lachen da und dort.
Ein kleiner Fetzen Himmelblau
stand plötzlich überm Ort.

Und eh der Tag zu Ende war
und eh die Nacht erschien,
gab's wieder Farben, hell und klar:
Gelb, Lila, Rot und Grün.

Da hat man in der Stadt gedacht:
Ein Wind kommt auf, wie nett!
Wir aber wissen, wer's gemacht:
das Lachen von Babett!

James Krüss

10. Josef Guggenmos: „ Das Gewitter“

1. Zum Text

Josef Guggenmos[1] beschreibt in seinem Gedicht[2], das sowohl der Geschehnis- als auch der Naturlyrik zuzuordnen ist, ein Gewitter, von den ersten Anzeichen an („Hinter dem Schlossberg kroch es herauf“) bis zum Ende („Die Sonne kam wieder“).
Das Gedicht besteht aus sechs Strophen mit unterschiedlicher Anzahl der Verse. Es ist kein regelmäßiger Rhythmus zu erkennen, auch kein Reimschema. Ein Gewitter – eine Naturgewalt – lässt dies wohl nicht zu. In Vers 1 bleibt noch unklar, wer da hinter dem Schlossberg heraufkroch, doch gleich in Vers 2 erscheinen die Vorboten des Gewitters: Wolken. Guggenmos vergleicht sie mit Tieren. Zunächst gleichen sie Mäusen, dann wachsen sie zu Riesen, Elefanten, schließlich zu Ungeheuern. Strophe 3, vom Umfang her die längste, beschreibt den Ausbruch, nachdem drei Tanten vom Einkauf nach Hause flüchteten. Zuerst erscheint der Blitz. Ihn kennzeichnen lautmalende Wörter, wie helllichter Schein, zickzack, blitzschnell (kurze I- und Z-Laute). Dem Blitz folgt der Donner (Strophe 4), dessen Krach mit dem Lachen von dreißig Drachen verglichen wird. Nicht nur die Menschen suchen Zuflucht vor dem Gewitter, auch die Katzen haben Angst und verkriechen sich. Nach Blitz und Donner folgt der Platzregen. In Strophe 5 ist eine Zäsur: „Plötzlich war alles vorüber...“ Während vorher starke Bewegung herrschte, tritt jetzt eine alles entspannende Beruhigung ein. Im Gedicht wird ein Spannungsbogen aufgebaut, der seinen Höhepunkt in den Versen 12-24 hat und dann in der Schluss-Strophe wieder abfällt – zur Beruhigung der Szene.

2. Zur Intention

Gewitter flößen Kindern oft Angst ein, beeindrucken sie aber auch. Das Naturschauspiel fasziniert. Das Gedicht will das Gewitter nicht verharmlosen, es wird mit all seiner Intensität beschrieben, doch nach dem Gewitter scheint wieder die Sonne.
Inhaltlich bietet das vorliegende Gedicht keine Schwierigkeiten. Besonderer Wert ist beim Textumgang auf das klanggestaltende Sprechen zu legen (Lesetempo, Zeilen übergreifendes Lesen). Auch der Spannungsbogen sollte aufgezeigt werden.
Das Gedicht eignet sich in besonderer Weise zur musikalischen Ausgestaltung. Erlebnishintergrund sind eigene Erfahrungen der Kinder mit dem Gewitter. Die geeignete Werkstatt-Methode für den Umgang mit diesem Gewitter-Gedicht ist sowohl das Vor- und Nachgestalten, wie auch das Antizipieren einer „Trommelgeschichte“, in welcher der Spannungsbogen des Geschehens treffend dargestellt - hörbar gemacht – wird. Außerdem könnte durch Textmontage und freie Gruppenarbeit die Kreativität der Kinder gefördert werden, wobei diesen die freie Wahl überlassen wird.

Intentionen im Einzelnen:

- erkennen, wie Guggenmos den Ablauf des Gewitters genau beschreibt,
- das Gedicht klanggestaltend vortragen,
- die Kinder zur eigenen Kreativität auf musikalischem Gebiet anregen,
- sich anhand einer selbst ausgewählten Umgangsform mit dem Erzählgedicht befassen.

3. Zur Realisierung

Zum Einstieg

Die Lehrkraft schreibt das Wort „Gewitter“ an die Tafel und notiert, was den Kindern dazu einfällt. Die Kinder berichten von Erlebnissen.
Alternative: Hörbeispiel „Gewitter“ (Tonbandaufnahme).
Zielangabe: „Josef Guggenmos beschreibt ein solches Gewitter in einem Gedicht“ (Tafelanschrift).

Zur Textbegegnung

Die Lehrkraft trägt das Gedicht vor bis Strophe 3 Vers 15 („... sie konnten.“); Beginn von Vers 16: „Da ...“. Die Kinder äußern sich dazu und überlegen, wie es weitergehen könnte. Es folgt ein klanggestaltender freier Lehrervortrag bis zum Ende.
Nach Spontanäußerungen wird der Text ausgeteilt. Die Kinder lesen ihn mehrmals still durch (KV 1 / S. 88).

Zur Textdurchdringung

1. Teilziel: Analyse des Inhalts / Gehalts
Aufträge: „Drei Dinge gehören zum Gewitter, unterstreicht sie!“ „Sucht heraus, was das Gewitter ankündigt und was ihm folgt!“
An der Tafel werden die Ergebnisse festgehalten. In Partnerarbeit suchen die Kinder heraus, wie die einzelnen Elemente beschrieben werden. Dies erscheint im Tafelbild. Im Unterrichtsgespräch wird geklärt, wer vor dem Gewitter Angst hat. Eigentlich bräuchte man gar keine Angst haben. Josef Guggenmos lässt es uns auch spüren! (Sonne, vergnügt). TA:

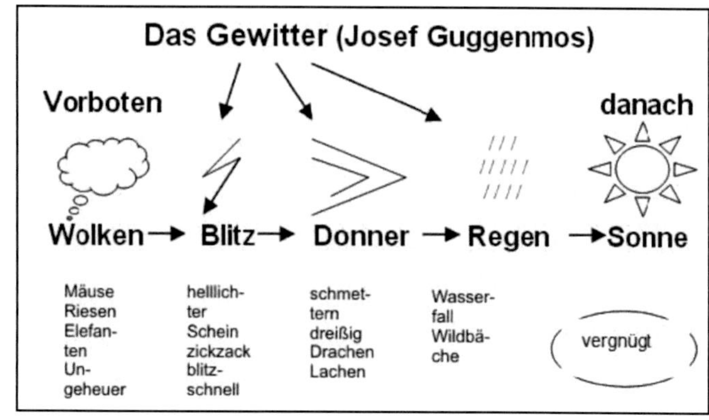

2. Teilziel: Analyse der äußeren Form
Die Kinder suchen in Partnerarbeit Reimwörter heraus und erkennen, dass die Reime unregelmäßig auftauchen. Weshalb? Schnellere Kinder dürfen weitere Reimwörter dazu finden. Sie erkennen den Aufbau des Gedichtes. In welcher Strophe wird das Gewitter angekündigt? Wann bricht es los? Wo ist der Höhepunkt? Es wird geklärt, wodurch sich Strophe 2, 3 und 4 von den anderen unterscheiden.
Diese Betrachtungen im gelenkten Unterrichtsgespräch sind nicht Selbstzweck, sie stehen im Dienste der sprecherischen, mimischen, gestischen – und der musikalischen Textgestaltung.

3. Teilziel: Klanggestaltung
Das Bedrohliche soll beim Lehrervortrag (als Vorbild!) schon in der ersten Strophe erkennbar sein. Nach Strophe 2 und 3 machen wir eine kleine Zäsur. Der Höhepunkt muss schneller gelesen werden. Einzelne Kinder tragen das Gedicht vor, die Zuhörer äußern sich kritisch (Anstrengungen honorieren!). Zunächst lesen die Kinder mit dem Partner. Die Hinweise der Lehrkraft werden befolgt: „Versuche so zu lesen, dass das Bedrohliche hörbar wird!"

Zur Reproduktion

Dieses Gewitter-Gedicht kann mit Orff-Instrumenten untermalt werden. Die Kinder machen Vorschläge und erproben diese:
Wolken: glissando auf dem Xylophon, Blitz: Schlag auf hängendes Becken.
Donner: mehrmaliges, leiser werdendes Schlagen auf Tambourin oder Pauke.
Regen: Fingertrommeln auf die Tische (alle Kinder).
Sonne: glissando auf dem Glockenspiel.
Nach mehreren Versuchen und Vorspielen, wobei die ganze Klasse mit einbezogen wird (Regen), einigt man sich auf einen Vortrag.
Dieses Gewitter-Gedicht kann aber auch sehr treffend als „reine Trommelgeschichte" produziert werden, indem verschiedene Größen von Trommeln eingesetzt und in unterschiedlicher Lautstärke, Tonhöhe und Rhythmik gespielt werden.

4. Zur Alternative

Auch dieses „Sommergedicht" würde sich gut für einen freien Textumgang eignen, den jedes Kind anhand der Übersicht (siehe S. 111f.) für sich selbstständig auswählt, bestimmt und durchführt.
Um das dramatische Geschehen noch stärker zu verdeutlichen, könnte es „vergegenwärtigt" werden, indem das Imperfekt durch das Präsens ersetzt und die richtige Reihenfolge durch Textmontage wiederhergestellt wird.
Im Sinne des kreativen Textumgangs könnte die Eigenproduktion von Sommer-Elfchen[3] wiederholt und verfeinert werden.

Zwei Beispiele:

Gewitter-Elfchen:	**Ferien-Elfchen:**
Wolken **ziehen auf** **wie Riesen, Elefanten.** **Ich fürchte mich sehr.** **Sommergewitter!**	**Schule** **zu Ende!** **Fahrt ans Meer.** **Ich freue mich sehr.** **Ferienzeit!**

Wir basteln **Sommer-Elfchen:** „Schneide die Streifen aus und klebe sie entsprechend dem Bauplan (1 – 2 – 3 – 4 – 1) auf!" Oder: Vers-Streifen in einem Briefchen austeilen!

zu Ende!
Schule
Ich freue mich sehr.
Ferienzeit!
Fahrt ans Meer.

Impuls: „Du könntest selbst solche Gewitter-, Sommer- oder Ferien-Elfchen verfassen und illustrieren. Du kannst aber auch eine andere Freiarbeit wählen."

5. Zur Weiterführung

- Eintrag des Tafelbildes (evtl. auch als Lückentext kopieren und ausfüllen lassen),
- Gedicht auswendig lernen und vortragen,
- Vorführen mit Orff-Begleitung oder als „Trommelgeschichte" an einem Elternabend,
- Kunsterziehung: Thema „Ein Gewitter",
- Musikhören: Beethovens sechste Sinfonie „Pastorale" 4. Satz Allegro (auch als Einstimmung denkbar),
- Freiarbeit (Kopiervorlage zur Textmontage; auch in der Phase der Textbegegnung einsetzbar): KV 2 / S. 89.

[1] Josef Guggenmos, geb. 1922 in Irsee/Allgäu, gest. 2003, einer der bekanntesten Kinderlyriker und Erzähler, Werke u.a. „Zilli, die Ziege" (1965), „Sieben kleine Bären" (1971), „Hans, mein Hahn" (1972), „Was denkt die Maus am Donnerstag. 123 Gedichte für Kinder" (1967), „Ein Elefant marschiert durchs Land" (1968), „Hausbuch deutscher Sagen und Schwänke" (1972), „Kasperl in Platschanien" (1980).
[2] Aus: Sieben kleine Bären. Recklinghausen: Bitter 1971 u. Weinheim: Beltz & Gelberg 1999.
[3] Originalbeiträge.

Gedichte | Name: ______________________ am: ____________

Das Gewitter

Hinter dem Schlossberg kroch es herauf:
Wolken – Wolken!
Wie graue Mäuse,
ein ganzes Gewusel.

Zuhauf
jagten die Wolken gegen die Stadt.
Und wurden groß
und glichen Riesen
und Elefanten
und dicken, finsteren Ungeheuern,
wie sie noch niemand gesehen hat.

„Gleich geht es los!",
sagten im Kaufhaus Dronten
drei Tanten
und rannten heim, so schnell sie konnten.
Da fuhr ein Blitz
mit helllichtem Schein,
zickzack
blitzschnell
in einen Alleebaum hinein.

Und ein Donner schmetterte hinterdrein,
als würden dreißig Drachen
auf Kommando lachen,
um die Welt zu erschrecken.
Alle Katzen in der Stadt
verkrochen sich
in die allerhintersten Stubenecken.

Doch jetzt ging ein Platzregen nieder!
Die Stadt war überall
nur noch ein einziger Wasserfall.
Wildbäche waren die Gassen.

Plötzlich war alles vorüber.
Die Sonne kam wieder
und blickte vergnügt
auf die Dächer, die nassen.

Josef Guggenmos

Gedichte	Name: ______________________	am: __________

Und ein Donner schmetterte hinterdrein,
als würden dreißig Drachen
auf Kommando lachen,
um die Welt zu erschrecken.
Alle Katzen in der Stadt
verkrochen sich
in die allerhintersten Stubenecken.

Das Gewitter

Hinter dem Schlossberg kroch es herauf:
Wolken – Wolken!
Wie graue Mäuse,
ein ganzes Gewusel.

Zuhauf
jagten die Wolken gegen die Stadt.
Und wurden groß
und glichen Riesen
und Elefanten
und dicken, finsteren Ungeheuern,
wie sie noch niemand gesehen hat.

Plötzlich war alles vorüber.
Die Sonne kam wieder
und blickte vergnügt
auf die Dächer, die nassen.

Josef Guggenmos

„Gleich geht es los!“,
sagten im Kaufhaus Dronten
drei Tanten
und rannten heim, so schnell sie konnten.
Da fuhr ein Blitz
mit helllichtem Schein,
zickzack
blitzschnell
in einen Alleebaum hinein.

Doch jetzt ging ein Platzregen nieder!
Die Stadt war überall
nur noch ein einziger Wasserfall.
Wildbäche waren die Gassen.

Aufgaben:

1. Beim Lesen wirst du feststellen, dass dieses Erzählgedicht durcheinander geraten ist.
   Stelle die richtige Reihenfolge (durch Ausschneiden und Kleben der Strophen) wieder her!
   Vergleiche und begründe deine „Montage“!
2. Male rechts vom Text zu einer Strophe ein Bild!
3. Hinweise auf die Freiarbeit:
   Kreuze an, wo du mitarbeiten möchtest!

☐ ☐ ☐ Auswendiger Gedichtvortrag
☐ ☐ ☐ Vortrag mit Orff-Instrumenten
☐ ☐ ☐ Bilder zu jeder Strophe malen (für ein Leporello
☐ ☐ ☐ Eine „Trommelgeschichte“ erzählen
☐ ☐ ☐ Weitere „Gewitter-Gedichte“ sammeln und vorstellen
☐ ☐ ☐ Kleinst-Gedichte schreiben
☐ ☐ ☐ Das Geschehen im Gedicht in die Gegenwart setzen – und den Text neu schreiben bzw. drucken

11. Elise Vogel: „Lichtlein auf der Wiese“ / Georg Herbolzheimer: „Flieger“

1. Zum Text

Beide Gedichte sind der Naturlyrik zuzuordnen und haben das gleiche Motiv: die Aussaat des Löwenzahns. Ihnen gemeinsam ist die positive Grundhaltung der Dichterin und des Dichters gegenüber dieser Pflanze, die meist als Unkraut verpönt ist. Ihre Schönheit im Fruchtstand wird in beiden Gedichten gepriesen. Beide beschreiben das Hinausfliegen der Samen an einem herrlichen Sonnentag. Der trochäische Rhythmus und die Reimform abcb ist den Gedichten gemeinsam.
Während das Gedicht „Lichtlein auf der Wiese“[1] mehr die stille Bewunderung, die staunende Beobachtung der Dichterin beschreibt (sie ist nur aktiv als Ausblaserin), wird das Geschehen (die Aussaat) im Gedicht von Georg Herbolzheimer aus der Sicht der Samen, der Flieger, beschrieben. Sie sind aktiv und können sogar sprechen (märchenhafter Charakter). In diesem Gedicht löst der Wind den Flug aus.
Der Löwenzahn wird in dem achtzeiligen Gedicht von Elise Vogel als Lichtlein beschrieben, das ausgeblasen wird. Die einzelnen Samen sind Sternchen, die fortfliegen und dann in der Sonne schweben. In den letzten beiden Zeilen wird auf die Zukunft der Samen hingewiesen. Im nächsten Frühjahr wird es wieder viele neue „Lichtlein“ geben.
Im Gedicht von Georg Herbolzheimer[2] werden die Samen personifiziert. Sie sind Bürschlein, Kinder mit Seidenschirmchen. Die Überschrift „Flieger“ lässt zunächst nicht gleich auf den Löwenzahn schließen. Das Gedicht besteht aus drei Strophen mit je vier Zeilen. Strophe 1 verrät, wer diese Flieger sind und was sie tun. Sie erwarten den Wind. In Strophe 2 erfährt die Leserin oder der Leser die Bitte an den Wind, sie fortzutragen. Dieser Wunsch wird in der Strophe 3 erfüllt. Die „Bürschlein“ danken ihm daraufhin.

2. Zur Intention

Ein Vergleich von Gedichten, das Entflechten von „vermischten Gedichttexten“ und das Vorstellen von Gedichten zum gleichen Thema gehören heute zur Gedichtmethodik.
Kinder kennen Pusteblumen. Es macht ihnen Spaß zuzusehen, wie die Samen fortgetragen werden, und zu beobachten, wo sie schließlich landen. Beide Gedichte sollen verglichen werden. Eine Wertung der Gedichte sollte nicht erfolgen. Die Kinder sollen sich für eines der beiden Gedichte entscheiden und diese Entscheidung begründen. Reihenfolge und Art der Behandlung sollen der Lehrkraft und den Wünschen ihrer Schulkinder überlassen werden.

Intentionen im Einzelnen:

- den Inhalt der Gedichte erfassen,
- Unterschiede und Gemeinsamkeiten in Inhalt und Form herausfinden,
- eine persönliche Auswahl treffen und diese begründen,
- Reimwörter herausfinden (und evtl. selbst bilden),
- die Gedichte klanggestaltend vortragen (und diese musikalisch improvisierend begleiten).

3. Zur Realisierung

Zur Initialphase

Die Lehrkraft zeigt zwei Löwenzähne (im Blüten- und im Fruchtstand). Die Kinder äußern sich, berichten, wo sie die Pflanze überall finden, nennen ihre vielen Namen (Pusteblume, Löwenzahn, Butterblume, Kuhblume, Ringelblume). Sie erzählen, was sie noch alles über sie wissen.
Alternativen: Rätsel: „Kennst du den Zahn,
der zwar nicht beißt,
der aber wie
ein Raubtier heißt?“
(Alfons Schweiggert)
Stummer Impuls: (TA) „Lichtlein auf der Wiese“.
Zielangabe: „Vom Löwenzahn habe ich zwei Gedichte dabei.“

Zur Textbegegnung

1. Textbegegnung I (Lehrervortrag)
Die Lehrkraft trägt das Gedicht „Lichtlein auf der Wiese“ frei vor, die Kinder äußern sich spontan dazu. Der Text (KV 1 / S. 92) wird ausgeteilt und nochmals still erlesen. Die Dichterin verwendet nicht das Wort Löwenzahn, trotzdem wissen wir, dass diese Pflanze gemeint ist! Die Kinder erklären die letzten beiden Zeilen.
Überleitung: Georg Herbolzheimer nennt sein Gedicht „Flieger“ (Tafelanschrift).
Die Kinder vermuten den Zusammenhang. Sie lesen das Gedicht still durch und notieren, worüber sie in der Klasse sprechen möchten.

Auch hier nennt der Dichter kein einziges Mal den Namen der Pflanze, der Blume.

2. Textbegegnung II (Textmontage)
Als Alternative zum Lehrervortrag könnte - experimentell - als eine schülerorientierte Art der Textbegegnung die „Gedicht-Montage“ angeboten werden. Anhand des Arbeitsblattes (KV 2 / S. 93) entflechten die Schüler/-innen die Textstreifen, die je eine Strophe beinhalten, und ordnen diese (in Allein-, Partner- oder Gruppenarbeit) zu den zwei Gedichten untereinander.
Im Gespräch, woran sie sich beim Entflechten und Montieren der Texte orientiert haben, kommen vermutlich bzw. erwartungsgemäß folgende Punkte zur Sprache (z.B.):
- Reimbildung (Kreuz-Reim, freischwebender Reim),
- Metrik (Hebung, Senkug, Versfuß …),

- Länge (Anzahl der Strophen, Verse …),
- Thema, Motiv, Grundstimmung,
- Gedichtvortrag, Liedvortrag, Inszenierung.

Zum Textvergleich

Im Anschluss an den Lehrervortrag (bzw. auch nach der Textmontage) vergleichen die Kinder zunächst in Partnerarbeit beide Gedichte und notieren Gemeinsamkeiten und Unterschiede. Im Unterrichtsgespräch werden anhand von Leitimpulsen die beiden Gedichte verglichen (Inhalt und Form) …

Erkenntnisse: Im ersten Gedicht werden die Samen von der Dichterin weggeblasen, im zweiten tut dies der Wind. Im Gedicht „Flieger" werden die Samen als „Kinder" betrachtet, die sprechen können (man hört etwas). Im ersten Gedicht ist Stille, nur Bewunderung. In beiden Gedichten ist es ein schöner Tag. Im Gedicht „Lichtlein" merkt man, dass Elise Vogel Freude am Wegblasen hat (stille Betrachtung). Im ersten Gedicht herrscht Stille, im zweiten ist mehr Bewegung, mehr „Lärm". Während im ersten Gedicht die Zukunft angesprochen wird („Frühlingszeit"), ist im zweiten nur vom schönen Augenblick die Rede („im Sonnenschein").

Die Kinder untersuchen die äußere Form, indem sie die Reimwörter unterstreichen und/oder diese auf Wortkärtchen (oder im Computer) drucken. Sie finden in beiden Gedichten das gleiche Reimschema (abcb). Auch Strophenform und Länge der Gedichte werden verglichen, ebenso die Metrik.

Die Kinder entscheiden sich für einen der beiden Texte und begründen ihre Wahl.

Während des gelenkten Unterrichtsgesprächs über den Gedichtvergleich (mit Heraussuchen und Vorlesen der relevanten Textstellen) erfolgt die Tafelanschrift.

Zur Erarbeitung der Klanggestalt

Die Kinder lesen das von ihnen gewählte Gedicht klanggestaltend vor. Bei beiden Gedichten ist auf das die Zeilen übergreifende Lesen zu achten. Das zweite Gedicht eignet sich zum Rollenlesen und Chorsprechen („Lieber Wind … uns …"). Ein Kind kann es vortragen, die Klasse liest die Rufsätze.

Mehrere Gestaltungsversuche, Schlussvortrag.

4. Zur Weiterführung

Die Kinder lernen das von ihnen gewählte Gedicht auswendig. Beide Gedichte können beim Vortrag mit Orff-Instrumenten frei begleitet werden (glissando auf Xylophon und Glockenspiel).

Tafelanschrift:

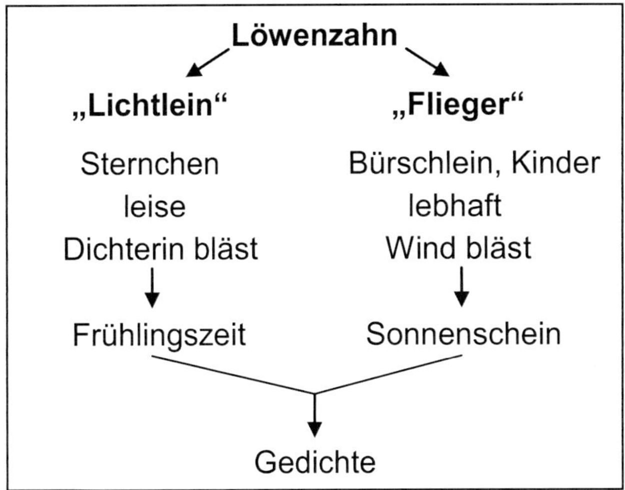

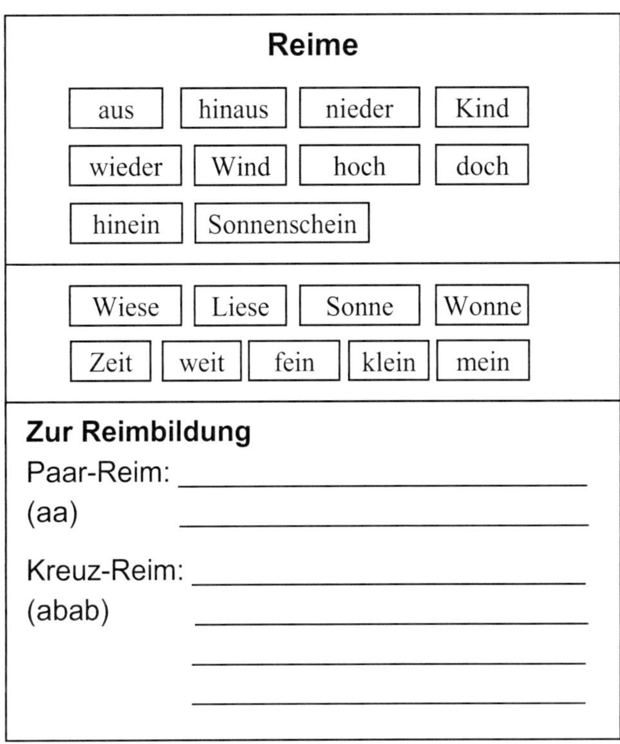

[1] Elise Vogel: Lichtlein auf der Wiese. Aus: Gedichte für Kinder. Frankfurt am Main: Hirschgraben o.J.
Zur Biografie: Daten nicht zu ermitteln.

[2] Georg Herbolzheimer: Flieger. Aus: Gedichte für Kinder. Frankfurt am Main: Hirschgraben o.J.
Zur Biografie: Georg Herbolzheimer, geb. 1885 in Nürnberg, gest. 1976 in Polsingen, Pädagoge, Dr. phil. (in Erlangen), Lehrer, Schriftsteller, Reiseleiter.
Werke u.a.: „Jugendlust", Kinderspiele, Mundartgedichte.

Gedichte	Name: ______________________	am: ____________

Lichtlein auf der Wiese

Lichtlein auf der Wiese
blas ich alle aus,
und es fliegen Sternchen
in die Welt hinaus,
schweben in der Sonne,
schweben auf und nieder.
Nächstes Jahr zur Frühlingszeit
gibt es neue Lichtlein wieder.

Elise Vogel

Flieger

Mehr als hundert braune Bürschlein,
jedes ist ein winzig Kind,
sitzen auf dem braunen Stängel,
warten auf den Sommerwind.

Jedes Bürschlein hält ein feines
weißes Seidenschirmchen hoch.
Lieber Wind, so blase endlich,
lieber Wind, so hol uns doch!

Und er bläst und trägt sie alle
in den blauen Tag hinein.
Danke schön, Herr Wind, wie lustig
fliegt es sich im Sonnenschein!

Georg Herbolzheimer

Gedichte	Name: ______________________	am: __________

Wir entflechten zwei Gedichte

Aufträge:

1. Lies diese Text-Streifen, versuche diese zu trennen und den beiden Überschriften zuzuordnen!
2. Schneide die Text-Streifen, die Strophen sind, aus und klebe sie zu zwei Gedichten extra auf ein Blatt (oder schreibe sie im Computer auf)!
3. Sprecht miteinander über eure Gedicht-„Montagen" und vergleicht diese mit den originalen Gedichten!

Lichtlein auf der Wiese (von Elise Vogel)

Mehr als hundert braune Bürschlein,
jedes ist ein winzig Kind,
sitzen auf dem braunen Stängel,
warten auf den Sommerwind.

Flieger (von Georg Herbolzheimer)

Lichtlein auf der Wiese
blas ich alle aus,
und es fliegen Sternchen
in die Welt hinaus,

Und er bläst und trägt sie alle
in den blauen Tag hinein.
Danke schön, Herr Wind, wie lustig
fliegt es sich im Sonnenschein!

schweben in der Sonne,
schweben auf und nieder.
Nächstes Jahr zur Frühlingszeit
gibt es neue Lichtlein wieder.

Jedes Bürschlein hält ein feines
weißes Seidenschirmchen hoch.
Lieber Wind, so blase endlich,
lieber Wind, so hol uns doch!

12. Gabi Zibret: „Wir vermeiden Müll“

1. Zum Text

In ihrem zeitgenössischen Umweltgedicht[1], das Gabi Zibret selbst mit einer mitreißenden Melodie versehen hat, greift sie das brisante Problem der Müllvermeidung auf. In fünf Strophen gibt sie sowohl aus dem Erfahrungskreis der Kinder stammende als auch allgemein zutreffende Verhaltensregeln bekannt:

1. statt Plastiktüte – Einkaufskorb
2. statt Dose – Mehrwegflasche
3. statt weiße Blätter – Altpapier
4. statt Butterbrotpapier – Brotdose
5. statt Mülltonne - Kompost

Jede Strophe besteht aus drei Teilen, dem ersten Refrain („Prolog“: „Leute, hört euch an …“; vier Verse, Reimschema aabb), der Handlungsanweisung („Geh ich …“, vier Verse reimlos) und dem zweiten Refrain („Komm, mach mit …“; vier Verse, Reimschema aabb). Durch Paarreimbildung (im Vorspann und Refrain), durch das trochäische Versmaß, durch das Stilmittel der Wiederholung („Leute, hört …“, „schon vermeid ich Müll“, „Komm, mach mit …“) und durch den Imperativ erreicht die Autorin eine besonders intensive Wirkung auf die Leserinnen und Leser.

2. Zur Intention

In dieser Wirkungsabsicht liegt die didaktische und erzieherische Bedeutung dieses „Müllvermeidungsliedes“- zugleich „Umweltschutzliedes“ – durch welches die Kinder für das aktuelle und brisante Abfallproblem sensibilisiert werden sollten.
Damit die Schülerinnen und Schüler den Aufforderungscharakter des Liedes wahrnehmen und in die Tat umsetzen, sollen folgende kreative, handlungs- und produktionsorientierte Umgangsformen realisiert werden, aus denen differenzierend und frei ausgewählt werden kann. Siehe Produktionsphase!

Intentionen im Einzelnen:

- ein aktuelles Problemgedicht und –lied kennen und schätzen lernen,
- für Idee und Tat der Müllvermeidung sensibilisiert werden,
- dieses Umweltschutzgedicht und –lied sprecherisch, bildnerisch, musikalisch und szenisch gestalten,
- die Bereitschaft zur aktiven Müllvermeidung und zu einer eventuellen Müllaktion durch literarische (computergefertigte) Eigenproduktionen zum Ausdruck bringen.

3. Zur Realisierung[2]

Zur Initialphase

Möglichkeiten der Hinführung zur Auswahl:
- Besichtigung des Pausenhofes,
- Bildimpuls: Fotos von „Müllbergen“,
- Zeichnung „Abfall“ auf Gedichtblatt,
- Hörimpuls: Kassette mit Lehrer- bzw. Schülervortrag des Liedes.

Zur Rezeptionsphase

Nach der Überleitung („Zum Thema Müll habe ich euch einen Text mitgebracht“) erhalten die Kinder das illustrierte Gedichtblatt (KV 1 / S. 96), sie lesen es still, betrachten still die Zeichnung und notieren sich ihre Gedanken und Gefühle. Danach erfolgen mehrere Schülervorträge.

Zur Reflexionsphase

Während der spontanen und freien Aussprache über Inhalt und Form, über Gedanken und Gefühle, über positive und negative Stellungnahmen, über eigene Erfahrungsberichte und über die möglichen Umgangsarten und Bearbeitungsweisen des Textes zitieren die Kinder einzelne Verse als Belege, Signalwörter und Aufforderungen, die auf Folie sichtbar gemacht werden können.

Zur Produktionsphase

Danach findet die frei geplante und selbst gewählte Gruppenarbeit (unter Betreuung der Lehrkraft) statt:

1. Gruppe: Sprechgestaltung: Gedichtvortrag, Sinn- und Klanggestaltung unter Einbezug von Mimik, Gestik, szenischer Darstellung, Spiel …

2. Gruppe: Bildnerische Darstellung: Zeichnungen und/ oder Formen aus Ton, Knetmasse, Kartons, Wellpapier, Collagen, Szenenbilder („Müllgegenstände“, „Ersatz“-Stücke)…

3. Gruppe: Musikalische Darstellung: Erarbeitung des Liedvortrags, Einstudierung mit Instrumenten, Orff-Instrumenten, Auswahl einer passenden Hintergrundmusik, CD-Aufnahme …

4. Gruppe: Sammeln (in Lesebüchern, Kinderzeitschriften, Anthologien) von Gedichten und Liedern zum Thema, besonders interessante Beispiele ablichten und der Klasse vorstellen.

5. Gruppe: Sprachschöpferische Bearbeitung: Aufbau, Reim und Rhythmus einer Strophe herausarbeiten, um selbst eine Strophe „dichten“ zu können: auf Gedichtblatt bzw. Bildschirm des Computers Signalwörter markieren, und zwar

a) im Text genannte:

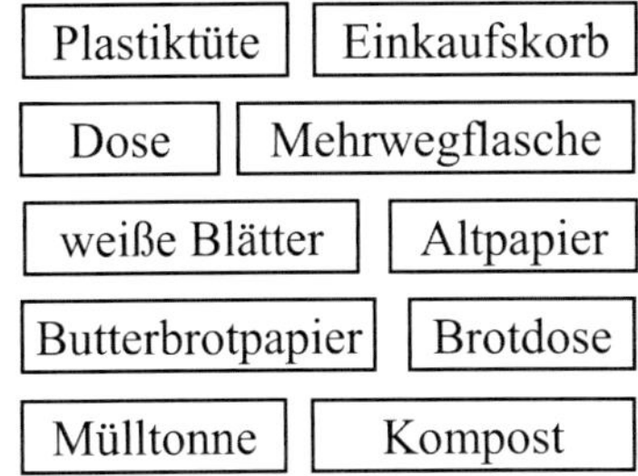

b) eigene Erfindungen,
c) neue Strophen-Montage.

Präsentation: Alle Gruppen präsentieren ihre vorläufigen – und dann später ihre verfeinerten – Produktionen, zunächst einzeln und dann als Gemeinschaftsdarstellung.

4. Zur Weiterführung

- Gruppen-Produktionen verfeinern (Collage, Parallel-Gedicht),
- Cluster[3] zum Refrain bilden (Stoffsammlung für Eigenproduktionen „Müllvermeidung"),
- Eintrag ins Gedichtheft (eine Strophe und eine selbst erfundene Strophe),
- Arbeitsblatt (KV 2 / S. 97) ausfüllen,
- Liedeinstudierung (siehe Kopierblatt),
- Ausstellung der Gruppenergebnisse,
- evtl. eine Aufführung i. R. eines Umwelt-Festes.

---

[1] Gaby Zibret: Wir vermeiden Müll. Aus: Henrike Hoffrage u.a. Hrsg.: Stutzen, Staunen, Stöbern. Münster: Ökotopia [6]1998.
[2] Oswald Watzke: Wir vermeiden Müll. Text und Lied im Dienste der Umwelterziehung. In: Grundschulmagazin 1/2000, vgl. S. 23f.
[3] Karl Schuster: Das personal-kreative Schreiben in der Hauptschule. In: Pädagogische Welt 12/1996, S. 486-490.

Was fällt dir zu „Müll-Vermeidung" alles ein? (Bilde einen Cluster!)

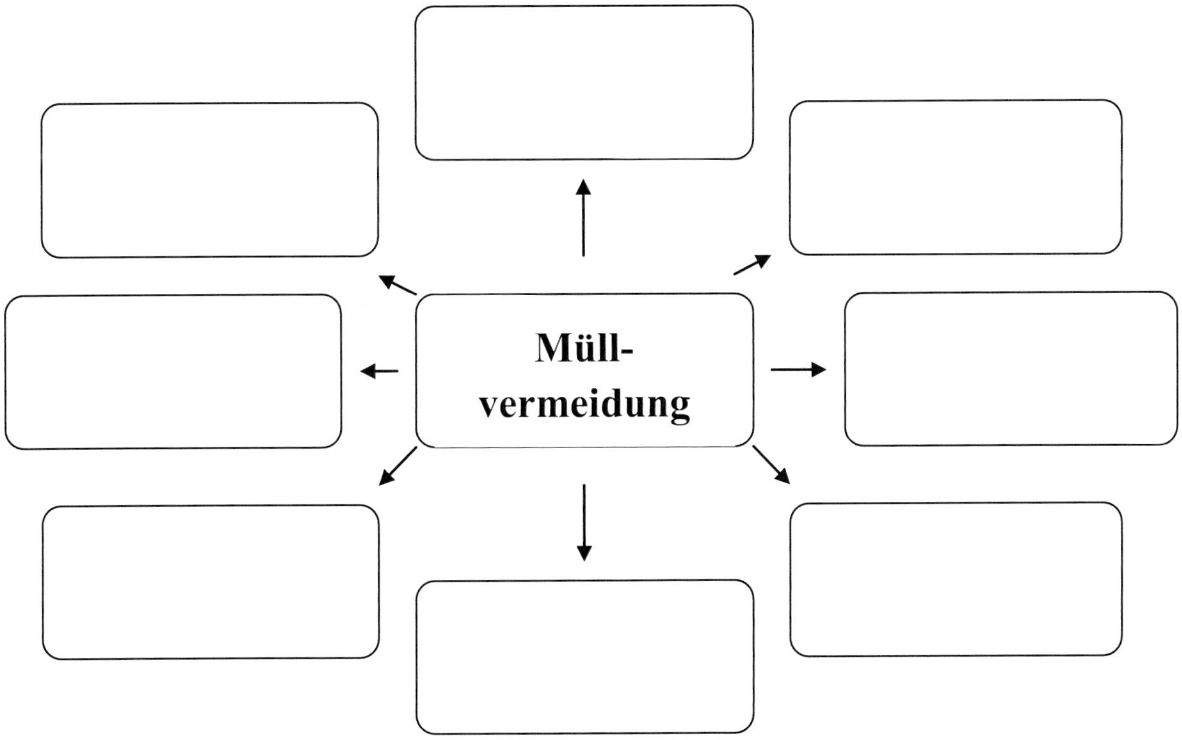

Müll-vermeidung

Gedichte	Name: ______________________ am: ____________

Wir vermeiden Müll

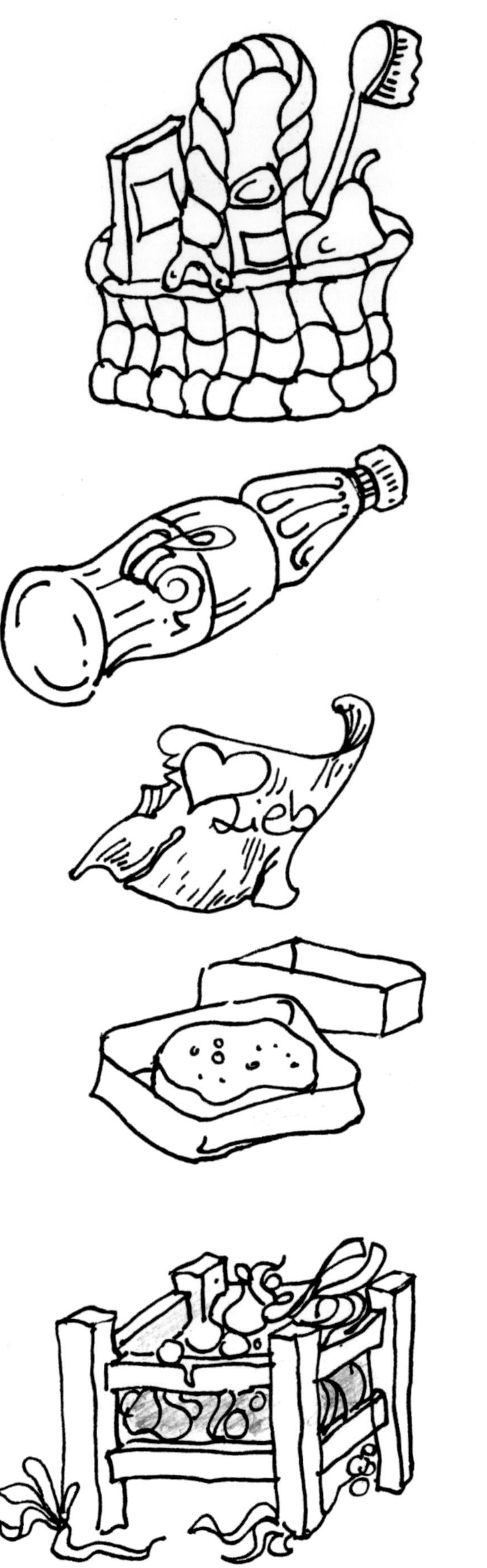

Leute, hört euch an,
wie man Müll vermeiden kann.
Seht mal her,
es ist gar nicht so schwer:

Geh ich in den Supermarkt,
brauch ich keine Tüte,
ich nehm meinen Einkaufskorb,
schon vermeid ich Müll.

Komm, mach mit
und folg mir Schritt für Schritt.
1 – 2 – 3,
ich bin dabei.

1. Refrain: Leute, hört euch an …

Hab ich Durst auf Coca Cola,
kauf ich keine Dose.
Ich kauf eine Mehrwegflasche,
schon vermeid ich Müll.

2. Refrain: Komm, mach mit …

1. Refrain: Leute, hört euch an …

Schreib ich einen Liebesbrief,
nicht auf weißen Blättern,
lieber nehm ich Altpapier,
schon vermeid ich Müll.

2. Refrain: Komm, mach mit …

1. Refrain: Leute, hört euch an …

Schmier ich mir ein Butterbrot,
pack ich's in die Dose,
nicht in Butterbrotpapier,
schon vermeid ich Müll.

2. Refrain: Komm, mach mit …

1. Refrain: Leute, hört euch an …

Essensreste wie Gemüse,
Obst und Eierschalen,
die werf ich auf den Kompost,
schon vermeid ich Müll.

2. Refrain: Komm, mach mit …

Gabi Zlbret

Gedichte	Name: ______________________	am: __________

Wir vermeiden Müll (Text und Musik von Gabi Zibret)

Meine Collage:

1. Schreibe in (Stichpunkten) aus Lied und Text die Aufforderungen zur Müllvermeidung heraus!

   Strophe 1: ______________________________

   Strophe 2: ______________________________

   Strophe 3: ______________________________

   Strophe 4: ______________________________

   Strophe 5: ______________________________

2. Ihr könnt dieses Lied „Wir vermeiden Müll“ ausdrucksvoll vortragen, vorsingen, mit Orff-Instrumenten begleiten und in Szene setzen.

3. Malt ein Bild zu einer Lieblingsstrophe! Legt ihr diese Bilder aneinander, dann ergibt sich ein „Müll-Bilderbuch“.

4. Lasst euch von diesem Müll-Lied begeistern und dichtet selbst eine weitere Strophe hinzu! Diese Strophe könnte lauten:

   ____

   ____

   ____

   ____

5. Ihr könnt dieses und andere „Müll-Lieder“ mit von euch selbst gemalten Bildern oder Plakaten in ein „Umweltschutz-Fest“ einbringen.

Zusatzangebote (Oswald Watzke / Maria Werner / Harald Watzke)

1. Josef Guggenmos: Ein Riese warf einen Stein

In diesem dramatischen Erzählgedicht appelliert Josef Guggenmos[1] (1922-2003) eindringlich an die Leser/-innen, sich dem Anliegen des Naturschutzes zu widmen. Im Verbund mit anderen „Natur- und Umweltschutzgedichten“, z.B. in „Warum?“, geißelt er Gedankenlosigkeit, Leichtsinn, Dummheit aber auch Zerstörungswut und Profitgier mancher Zeitgenossen/-innen.
Peter Högler[2] interpretiert dieses Gedicht wie folgt: „Die Überschrift führt Leser und Leserinnen in die Welt des Märchens. Mit der Vorstellung eines Riesen wird das dramatische Geschehen überzeichnet und überdimensioniert dargestellt. Aus dieser Sichtweise verfolgen Leserin und Leser den Vorgang des Einschlagens und der Aufräumungsarbeiten distanziert und unbetroffen. Die plötzlich gestellte Frage nach dem Täter reißt uns aus der Märchenwelt, hebt den Schleier des Unrealen auf und lässt die Wirklichkeit erscheinen. Dieses Betroffensein bewirkt einen Nachvollzug der Handlung aus einem ganz anderen Blickwinkel und vor allem Selbstreflexion. Man erkennt, dass eine Unbedachtsamkeit in einem gedankenlosen Spiel etwas Schlimmes angerichtet hat. In der Verwendung nicht traditioneller Form- und Gestaltungselemente wie unregelmäßige Zeilenlängen, wechselnder Rhythmus, unregelmäßige Reime, und von besonderen syntaktischen Strukturen, wie Wiederholungen und Reihungen, und einer treffenden semantischen Codierung (aussagekräftige Zeitwörter, verschiedene Zahlwörter) gelingt es dem Dichter, den Sachverhalt in sprachlich überzeugender Art darzustellen.“
Um das Anliegen des Naturschutzes bei den Kindern zu vertiefen, bietet sich neben der Textgestaltung durch Sprechen, Inszenieren und Dramatisieren vor allem die literarische Produktion an, und zwar über die Katastrophe in Teil 1 des Textes (Verse 1 -10), den Wiederaufbau in Teil 2 (Verse 11-16), die Schuldfrage in Teil 3 (Verse 17-21) und die Erklärung („nur ein Spiel“) in Teil 4 (Verse 22-27). Anhand unserer Kopiervorlage (KV 1 / S. 103) nahmen die Viertklässler/-innen die Anregungen auf zur Produktion von „Elfchen“, „Gegengedichten“, Collagen und von einer Mappe „Tierschutzgedichte“.
Beispiele aus Schulversuchen:

<u>Elfchen:</u>

Junge
ein Stein
Tod der Ameisen
Ich verneine das Spiel
Tierschutz!

Verbrecher
eine Bombe
Katastrophe im Staat
Ich verurteile diese Tat
Menschenschutz!

Riese,
ein Fels,
auf die Ameisen!
Ich mache das nicht!
Tierfreund!

Terroristen
machen Terror.
Explosion im Bahnhof.
Ich habe große Angst.
Polizeischutz!

<u>Gegengedicht:</u>

Ein Riese
warf **keinen** Stein.
Gänge und Zimmer stürzten **nicht** ein.
Hunderte brachen **kein** Bein.
Dutzende brachen **nicht** das Genick,
alle hatten Glück.
Usw. Klasse 4 a
(nach Josef Guggenmos)

2. Christine Busta: Für den Winterabend

Die österreichische Lyrikerin[3] lädt in ihrem natur- und gedankenlyrischen Gedicht, das aus nur einer Strophe mit acht Versen besteht, die Hörer/-innen bzw. Leser/-innen zum Träumen ein.
Auch die Schulkinder einer 4. Klasse? Versuchen wir es!
Die Dichterin verwendet dafür eine poetische, bild- und rätselhafte, symbolische Sprache und die Wesensmerkmale aller lyrischen Dichtung:

- den Wohlklang (Klang, Reim, Rhythmus),
- das Reimgefüge (ab ab cc dd), den Kreuz- und Paarreim,
- als Versmaß den Trochäus (–◡),
- als Verslänge den dreifüßigen Trochäus, wobei die Verse 1, 3, 5 und 6 mit einer überzähligen Hebung (hyperkatalektisch) enden,
- die Personifizierung bzw. Allegorisierung von Naturerscheinungen: der „Mondmann“ (Mond, Mondschein), die „Feuermaus“ (Flamme im Kamin),
- die überhöhte Alltagssituation und außergewöhnliche Atmosphäre realer Personen (Vater, Mutter, Kind: Alltagsfamilie am Kamin),
- die sprachlichen Bilder: „Der Mondmann geht“, „Die Feuermaus huscht“, „Die Spinne spinnt“, „Der Wind webt Träume“,
- die verdichtete Aussage: helle Mondnacht, leiser Schneefall, tiefe Stille („leise“, „leiser“); Kaminfeuer, milde Wärme, sanftes Licht („die rote Feuermaus huscht …), Winterabend am Kamin; Zeit für Träume …,
- die emotionale Tiefe: Familienabend: Ruhe, Gemeinsamkeit, Einssein mit Mensch, Tier und Natur, Geborgenheit, Glück.

Diese analytische Betrachtung, die zudem noch die Gefahr des Zerredens in sich birgt, ist selbstredend nicht Ziel unseres Umgangs mit diesem Gedicht. Ziel ist vielmehr unser Versuch herauszufinden, ob bzw. wie die Kinder reagieren auf Klangschale, Hörtext und Lesetext, auf Poesie und Botschaft der Dichterin, dass Stille, Wärme, Träume gut seien für die Seele des Menschen.

1. Teilziel: Das Lauschen (Klangschale, Hörtext)
Methodische Skizze: eine „günstige Zeit oder Stunde“ abwartend (oder herbeiführend); Beruhigung der Kinder, Ruhe, Stille, gedämpftes Licht im Raum; Ton (Töne) der

Klangschale; im verklingenden Ton: Hörtext (Lehrervortrag live oder auf Tonträger); dem Ton (der Hintergrundmusik) und dem Text lauschen, Zeit zum Nachdenken, Fühlen und Träumen gewähren …
Die Gedichtbegegnung könnte damit eventuell nach einem offenen und freien Gespräch über erlebte Eindrücke schon hier enden oder in unser 3. Teilziel übergeleitet werden.

2. Teilziel: Lesen (Gedichtblatt)
In einer folgenden, anderen Stunde: Gedichtblatt (KV 2 / S. 104) – mit oder ohne Illustration – austeilen; stilles Lesen, Nachlesen, Vorlesen beim Tönen der Klangschale; Betrachten der Zeichnung, der poetischen Sprache; Gespräch über „Mondmann", „Feuermaus", „Reiser", „Ofenloch", über „innere Bilder" und „Musik" und über „Träume" …

3. Teilziel: Das Träumen (Klangschale, Gespräch)
Ton (Töne) der Klangschale; äußere und innere Ruhe, tiefe Stille, sanftes Licht (Atmosphäre schaffen!); auswendiges, sinn- und klanggestaltendes, gefühlvolles Rezitieren des Gedichtes; „träumen" lassen bei verklingendem Ton (Hintergrundmusik); schweigen; auf Wunsch erzählen lassen …
Werden die Kinder von ihren Träumen, Wünschen und Hoffnungen erzählen? Werden sie sich öffnen und mitteilen? Ob unser methodisches Experiment gelingt? Wer weiß! Wagen Sie es!

3. Paul Maar: Ein Gespräch
4. Klasse 4a: Noch ein Gespräch

Paul Maar[4], der berühmte „Vater des Sams'", auch als sprachgewandter Kinderlyriker hervorgetreten, gibt in diesem Achtzeiler (KV 3 / S. 105) ein witzig-hintersinniges Zwiegespräch zwischen Schaf und Bauer wieder, in welchem sie sich neugierig ausfragen und zur Beantwortung der Fragen zum gegenseitigen Zuschauen und Zuhören auffordern. Der Doppel- und Hintersinn wird vor allem in Vers 8 „Ich mähe" erkennbar, in welchem das Schaf sich sowohl als Grasfresser (Grasmäher: „Ich mähe") als auch in seiner Tiersprache (ich sage „MÄH" – „ich mähe") äußert.
Die Kommunikation in diesem Achtzeiler lebt von der Einfachheit der Verben („fragt", „machst", „sagt"), der Wiederholung (Verse 1 u. 5, Verse 2 u. 6, der Verben), vom Wechsel zwischen der Frage- und Befehlsform und vom Reimschema abbc|abbc, wobei die Verse 4 u. 8 (als c identisch) einen umarmenden Reim bilden.
Dieses gereimte und lebhaft gestaltete Zwiegespräch ist hervorragend geeignet, im Sinne von Gudrun Schulz[5] einen Gedichtumgang nach der Werkstattmethode zu organisieren, durch welchen die Kinder ihre „sprachsprecherischen Fähigkeiten", ihr „mimisches und gestisches Sprechen" und ihre literarische Kreativität durch Rollenlesen, Inszenieren eines Sketches, durch „Selber-Reimen" und „Selber-Dichten" entwickeln können. Auf diese Weise könnten die Kinder „mehr Lust als Frust" empfinden.
Zwei Belege für die literarische Kreativität der Kinder (in Gruppen und unter Anleitung), die ihre Parallelgedichte „Noch ein Gespräch" erfanden und auch als Sketche aufführten, seien mitgeteilt:

Der Hund, er fragt den Bauern:
„Was machst denn du?"
Der sagt: „Na, schau doch zu!
Ich haue."
Der Bauer fragt den Hund:
„Und was machst du?"
Der sagt: „Na, hör dich zu!
Ich waue."

Das Huhn, es fragt den Bauern:
„Was machst denn du?"
Der sagt: „Na, schau doch zu!
Ich ackere."
Der Bauer fragt das Huhn:
„Und was machst du?"
Das sagt: „Na, hör dich zu!
Ich gackere."

Weitere Bausteine für Eigenproduktionen:

Der Ochs – ich muhe
Der Bauer – ich ruhe

Die Katze – ich schnurre
Der Bauer – ich knurre

Die Biene – ich summe
Der Bauer – ich brumme

5. James Krüss: Der Zauberer Korinthe

Diese kleine Kinderballade (KV 4 / S. 106) ist wegen ihrer harmonischen und volksliedhaften Form und wegen ihres märchen- und scherzhaften Inhalts eines der schönsten, bekanntesten und beliebtesten Beispiele der Kinderlyrik, die James Krüss[6] geschaffen hat.

Zur Form: Sie ist geprägt durch
- zwölf Strophen, die einheitlich gereimt sind (abcb bzw. abab in Strophe 3, 7, 9),
- das Versmaß (vier- und dreihebiger Jambus, im Wechsel hart und weich endend),
- die Lautmalerei („Kori, Kora, Korinthe"), die, in jeder Strophe den Vers 2 füllend, für das gesamte Gedicht charakteristisch ist,
- die Wiederholungen der Strophen 5, 8 und 11, die das Erzählgedicht besonders einprägsam machen,
- den Märchenstil („Es lebte einst …") mit dem ironischen Ende („und wer das Lied nicht glauben will … lässt es eben bleiben!").

Zum Inhalt: Er wird bestimmt durch
- das „Märchenmotiv", nach welchem Märchenfiguren auftreten: ein Zauberer, ein Kaiser, ein Dichter, ein Kaufmann,
- den „Märchenort", ein Tintenfass, in welchem der menschenfreundliche Zauberer „residiert",

- das Zaubermittel, die Tinte, die schreiben kann und will, was sie für „gut und richtig“ hält,
- das Zaubermotiv, nach welchem die Verhältnisse „verkehrt“, umgedreht, werden: Strafe („Schloss und Riegel“) – Lob („vorzüglich“); Rosen – Rüben; Tadel und Zorn („sollst dich schämen!“) – Güte und Zuneigung („... bist ein guter Junge!“),
- das Märchenprinzip „Das Gute siegt über das Böse“.

Die Kinder, die ihren Spaß an diesem Scherzgedicht finden, werden sich sicherlich bereitwillig für eines der drei Gruppenthemen entscheiden, die wir hier - textadäquat – besonders empfehlen.

1. Die akustische Gestaltung der Ballade
Die Kinder erarbeiten die Sprechgestaltung des Textes (Einzel-, Rollen-, Chorsprechen; Variationen der Sprechweise, der Mimik und Gestik), die Inszenierung des Geschehens und die Erfindung eines Sprechgesangs (als Rap) bis hin zur Regie der Performance, die später auch dokumentiert werden könnte (durch Handy, Video, Schulkamera).

2. Die bildkünstlerische Interpretation
Unser Gedichtblatt (KV 4 / S. 106), illustriert von Viertklässlern im Stile der konkreten Poesie, soll die Kinder zu eigenen Zeichnungen, Collagen, Modellieren usw. anregen. Denkbar wären in Zusammenarbeit mit dem Kunsterzieher oder der –erzieherin Illustrationen zu den einzelnen Figuren, Zauberstücken und zu einer Lieblingsstrophe bis hin zur Gestaltung eines Szenen-Bilderbuches.

3. Die literarische Produktion
Sehr anspruchsvoll wird die literarische Produktion von weiteren Strophen sein, in denen die Kinder von neuen Zauberkunststücken erzählen. Voraussetzung hierfür wäre das Erfinden von Lautmalereien und das vorausgegangene Entdecken von Versmaß, Reim und Rhythmus.
Hilfreich hierfür wäre u.a. unser Arbeitsblatt (KV 5 / S. 107), auf welchem ein Textblock, bestehend aus den Strophen im Blocksatz, in die Gedichtform gebracht werden soll. Das Gespür für Klang, Reim, Rhythmus, das Wissen über Versmaß, Reim- und Strophenbildung helfen dabei.

6. Johann Wolfgang von Goethe: Gefunden

Dieses im wahrsten Sinne des Wortes klassische Gedicht[7], dem wir im Lyrik-Kanon für die Schule einen festen Platz zuordnen, interpretiert Klaus C. Haase[8] wie folgt: „Goethes Gedicht ‚Gefunden‘ (1813) wird von herzlicher Innigkeit und formaler Schlichtheit geprägt. Inhaltlich wie formal lebt das Gedicht aus einer Grundhaltung fast ungefährdeter Harmonie. Die fünf vierzeiligen Strophen, in denen sich jeweils die zweite und vierte der Kurzverse reimen, weisen ein durchgehend jambisches Versmaß auf; in jeder Strophe findet sich ein Zeilensprung (Versenjambement). Die Möglichkeit des Einbruches einer Disharmonie zeigt sich in der mittleren, der dritten Strophe, in der sich ein Konflikt zwischen dem lyrischen Ich und der gefundenen Blume anbahnt. Zu Beginn des Verses 3 sind durchaus zwei Hebungen (betonte Silben) direkt hintereinander zu sprechen: ‚Soll ich ...‘; es folgt nun hier der Zeilensprung zwischen Vers 3 und 4, während dieser in allen anderen Strophen zwischen Vers 1 und 2 zu sprechen ist. Allein in der dritten Strophe wird die ruhige epische Erzählhaltung durch das dramatische Element der Frage unterbrochen. Strophe 4 und 5 aber stellen die Harmonie wieder her; der gehaltliche Höhepunkt des Gedichtes ist – in den beiden Schlussversen – Ausdruck ihrer Dauer: ‚Nun zweigt es immer und blüht so fort.‘“

In einem ersten Umgang mit dem Text (KV 6 / S. 108), nach dem Lauschen des Lehrervortrags des Gedichtes und evtl. des Liedes (live oder „Konserve“), nach einem freien Gespräch über Eindrücke und Wirkungen, über Gefühle und Meinungen, sollte das Bemühen der Kinder um eine angemessene Klanggestaltung des Liedtextes im Mittelpunkt stehen. Eine in Erwägung gezogene Betrachtung der Einheit von Gestalt (Klang, Reim, Rhythmus, Sprache) und Gehalt (Geschehen, Grundstimmung ...) sollte ganz im Dienste dieser Sprachgestaltung stehen.

Das gestaltete Sprechen (und evtl. auch Singen), auch in Kleingruppen vorbereitet, beginnt anfangs verhalten („Ich ging ...“), wird dann neugierig, zärtlich und innig („... sah ich ein Blümchen“), strebt dann dem dramatischen Höhepunkt zu im Zwiegespräch („Soll ich zum Welken gebrochen sein?“) und klingt dann beruhigend und harmonisch aus („... und blüht so fort.“)

Ein von den Kindern gestalteter Gedicht- und Liedvortrag schließt diese Erstbegegnung zusammenfassend ab.

In einem zweiten Textumgang, eingeleitet durch auswendig gelernte Schülervorträge des Textes und evtl. auch des Liedes, könnten der biografische Hintergrund und der Symbolgehalt des Gedichtes aufgezeigt und ausgedeutet werden, soweit dies in einer 4. Klasse schon möglich ist.

Klaus C. Haase[9] führt dazu Folgendes aus: „Goethe widmete und sendete das Gedicht zwei Tage vor seinem 64. Geburtstag, am 26. August 1813, seiner Frau Christiane, geb. Vulpius, zum Gedenken an die 25. Wiederkehr des Tages, an dem sie einander gefunden hatten. Die innige Grundhaltung der Dichtung ist Ausdruck der herzlichen Verbundenheit mit der Frau, die von 1788 bis zu ihrem Tode 1816 der seelische Mittelpunkt des Hauses Goethe gewesen ist.“ [...]

„Intendiert werden sollte aber auch die Entdeckung der Individualisierung der Blume (Strophe 2: ‚Wie Äuglein schön‘; Strophe 3: Sprechfähigkeit (‚Soll ich ...‘) und die Symbolhaftigkeit des Gedichtes, die sich in der Abspiegelung einer zwischenmenschlichen Verhaltensweise (Strophe 4 und 5: Fürsorge des lyrischen Ichs für die vermenschlichte Blume Christiane); freies Fortleben der Naturerscheinung im angelegten Garten am ‚hübschen Haus (in Weimar)‘ erkennen lässt.“

Dieses Wissen könnte i. Z. mit einer kleinen Biografie für das Gedichtheft festgehalten werden:

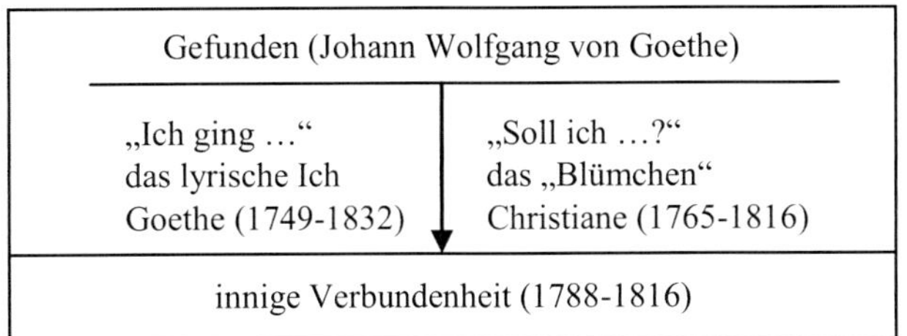

Da das „Blümchen“ als Dingsymbol für „Christiane“ gemeint ist, wird auch keine konkrete Blume, z.B. ein Maiglöckchen oder ein Waldröschen, genannt. Deshalb können auch die Kinder auf dem Gedichtblatt „ihre Lieblingsblume(n)“ als Textillustration aufkleben.

7. Ursula Wölfel: Wandertag

In ihrem sechsstrophigen Gedicht (KV 7 / S. 109) mit naturlyrischen Elementen lässt die Autorin[10] eine Wanderung im Sommer miterleben. Ausgangspunkt und Endpunkt ist die Stadt. Ein gleichmäßiger Rhythmus durchzieht den ganztägigen Ausflug. In den ruhigen heißen Sommertag kommt immer mehr Bewegung: Zunächst durch das Kreisen eines Vogels am Himmel, dann das Aufsteigen von Wolken und schließlich durch das Gewitter, angekündigt durch fernen Donner. Dieses hat aber nichts Bedrohliches an sich. Der warme Regen macht die Natur nur noch schöner. Das Sommerglück, zu dem auch die Rast im Schatten gehört, wird mit nach Hause genommen.

Mit einfachen stilistischen Mitteln gelingt es Ursula Wölfel, das Gedicht für Kinder zum Erlebnis werden zu lassen. Die Strophen bestehen jeweils aus vier Versen, die sich kreuzweise reimen. Die Einheit von Form und Inhalt kann den Kindern verdeutlicht werden.

Besonderer Wert ist auf den sinngestaltenden Vortrag zu legen. Beim Lesen und Vortragen des Textes sollte die Freude der Dichterin am Wandern durch die Natur auf die Kinder überspringen.

Der Hauptwert sollte jedoch – nach dem freien Unterrichtsgespräch (z. B. über Stationen der Wanderung, Anzeichen des Gewitters, Grundstimmung des Gedichtes, dessen Reimbildung, Versmaß und innewohnende Melodie) – auf die musikalische Interpretation und Produktion gelegt werden.

Hier bietet sich das – auch heute noch – gut bekannte und beliebte Volks- und Schullied „Geh aus mein Herz und suche Freud in dieser lieben Sommerzeit“ (In: Des Knaben Wunderhorn. Alte deutsche Lieder, ges. von L. Achim von Arnim u. Clemens Brentano, 1806/1808) an, das August H. Harder (1775-1813) vertont hat. Nach dieser alten Melodie können die Schulkinder den neuen Text von Ursula Wölfel gut und fröhlich singen.

8. James Krüss: Das Räuber-Abc

Der Sprachkünstler, von dem ein dickes Buch[11] seiner gesammelten Abc-Gedichte vorliegt, erfindet einen einzigen Satz voller Humor, dessen einzelne Wörter jeweils mit einem großen oder kleinen Buchstaben des Alphabets beginnen. Jedes einzelne Wort, bzw. Buchstabe (X, Y, Z), ist ein Vers, der Text somit ein reimloses und freirhythmisches Gedicht, benannt nach der Hauptperson, dem Räuber Rabenstätt. Auffallend ist das Druckbild, das einer senkrecht stehenden Schlangenlinie ähnelt (KV 8 / S. 110).

Im Sinne der Differenzierung (auch für Schulkinder höherer Klassen) bieten wir von den einfacheren Abc-Reimen aus der Volkslyrik ausgehend über die mittelschweren Abc-Gedichte auch schwierige Kunstprodukte, wie z.B. das „Räuber-Abc“, an, um das Auswendiglernen des Alphabets und darüber hinaus die literarische Eigenproduktion von Abc-Gedichten und -Geschichten (und deren Lektüre) zu fördern. Ganz in den Dienst dieser Intention werden unsere Gedichtblätter gestellt.

Am Ende eines Schuljahres, nach Abschluss der Buchstabenkenntnis des Alphabets, könnte ein großes „Abc-Fest“ gefeiert werden, gemeinsam mit den Eltern, den Parallelklassen, der Schulgemeinde. Einige Vorschläge seien erlaubt:

- Abc-Gedichte, -Lieder und -Spiele vortragen,
- Abc-Drucke, -Plakate, -Eigenprodukte ausstellen,
- Abc-Buchstaben kneten, zu Gruppen (wie in Reimen) ordnen,
- Abc-Suppe (Buchstabensuppe) kochen,
- Abc-Buchstaben (als Gebäck) backen,
- Torten mit allen 26 Buchstaben verzieren,
- Ausstellung von Abc-Büchern organisieren,
- ein Abc-Musical aufführen.

[1] Josef Guggenmos: Ein Riese warf einen Stein. Aus: „Was denkt die Maus am Donnerstag." Recklinghausen: Bitter 1967 u. Weinheim: Beltz & Gelberg 1999.
Klasse 4 a: Ein Riese warf keinen Stein. Originalbeitrag.

[2] Peter Högler: Josef Guggenmos: Ein Riese .... In: Oswald Watzke (Hrsg.): Gedichte in Stundenbildern 4. Donauwörth, 4. Aufl. 2000, S. 73.
Anmerkung: Zitat zur Erinnerung an den lieben Kollegen, Mitautor und Freund Peter Högler (1935-2003).

[3] Christine Busta: Für den Winterabend. Aus: Die Sternenmühle. Salzburg: Müller 1969.
Zur Biografie: Christine Busta, geb. 23.04.1915 in Wien, gest. 03.12.1987 in Wien, Studium der Anglistik und Germanistik, Hilfslehrerin, Dolmetscherin, Bibliothekarin; bedeutende preisgekrönte Lyrikerin.
Werke u.a.: „Jahr um Jahr" (1950), „Der Regenbaum" (1951/^{2}1995), „Die Scheune der Vögel" (1958/^{2}1968), „Die Sternenmühle" (1958/^{5}1974), „Wenn du das Wappen der Liebe malst" (1981), „Der Himmel im Kastanienbaum" (1989 posthum), „Einsilbig ist die Sprache der Nacht" (2000 posthum). Nach Wikipedia.

[4] Paul Maar: Ein Gespräch. Aus: JAguar und NEINguar. Hamburg: Oetinger 2007.
Paul Maar, geb. 13.12.1937 in Schweinfurt, bekannter Kinderbuchautor, -lyriker, Illustrator, Übersetzer, Drehbuch- und Theaterautor, Kunsterzieher und freier Schriftsteller seit 1976, lebt in Bamberg; zahlreiche Auszeichnungen und Ehrungen für den „Vater des Sams"'. Übersicht über Werke siehe „Wikipedia"!
Klasse 4 a: Noch ein Gespräch (Originalbeitrag).

[5] Gudrun Schulz: Kinderreime, Gedichte und Lieder fördern die frühe literarische Kompetenz der Kinder (Workshop I). In: Volkacher Bote, Heft 94/2011, vgl. S. 11f.

[6] James Krüss: Der Zauberer Korinthe. Aus: Mein Urgroßvater und ich. Hamburg: Oetinger 1959. *Zur Biografie:* Siehe S. 40.
Die Illustration stammt von einer Grundschulklasse in Schweinfurt. Lehrerin: Dr. phil. Natascha Nowack.

[7] Johann Wolfgang Goethe: Gefunden. Aus: Goethes Werke, Hamburger Ausgabe, hrsg. von Erich Trunz. 11., überarbeitete Auflage. München 1978, Bd. 1, S. 254/55.
Melodie aus: Unser Liederbuch für Württemberg. Text: J. W. v. Goethe. Melodie: volkstümlich. Satz: G. Wirsching, K. Aichele. © Klett Verlag. Stuttgart.
Zur Biografie: Johann Wolfgang Goethe, geb. am 28. 8. 1749 in Frankfurt am Main, gest. am 22. 3. 1832 in Weimar, gilt als größter deutscher Dichter (Lyriker, Erzähler, Dramatiker, naturwissenschaftlicher Schriftsteller).
Jurastudent in Leipzig (1765-1768), in Straßburg (1770-1771 mit Abschluss Lic.jur), ab 1775 in Weimar (als Minister für Theater, Bergwerke, Straßen, Rekrutierung, Universität Jena, zeitweilig auch Finanzen).
Sein umfangreiches Gesamtwerk liegt vor in der „Weimarer Sophienausgabe" (am vollständigsten) und der Hamburger Ausgabe (von Erich Trunz).
Obwohl Goethe nicht direkt für Kinder und Jugendliche schrieb, ist er in Lesebüchern, Anthologien und in den Lektürekanon der Schulen eingegangen, insbesondere durch seine Gedichte, z.B. „Heidenröslein", „Die wandelnde Glocke", „Gefunden", „Der getreue Eckart", „Erlkönig", „Der Zauberlehrling", „Wandrers Nachtlied" („Über allen Gipfeln ist Ruh ...").

[8] Klaus C. Haase: Johann Wolfgang von Goethe: Gefunden. In: Oswald Watzke (Hrsg.): Gedichte in Stundenbildern 4. Donauwörth, 4. Aufl. 2004, S. 63.
Anmerkung: Zitat zum Andenken an den lieben Kollegen, Mitautor und Freund Klaus C. Haase (1931 – 2007).

[9] Klaus C. Haase. ebd.

[10] Ursula Wölfel: Wandertag. © Ursula Wölfel.
Zur Biografie: Ursula Wölfel, geb. 16.9.1922 in Duisburg-Hamborn, Sonderschulleiterin, freie Schriftstellerin seit 1959 in Neunkirchen/Odenwald, mehrfach preisgekrönte Kinder- und Jugendbuchautorin, Sonderpreis des Deutschen Jugendliteratur-preises 1991.
Werke u.a.: „Feuerschuh und Windsandale" (1961), „Joschis Garten" (1961), „Mond, Mond, Mond" (1962), „Die grauen und die grünen Felder" (1970), „Achtundzwanzig Lachgeschichten" (1969), „Neunundzwanzig verrückte Geschichten" (1974), „Dreißig Geschichten von Tante Mila" (1977), „Winzige Geschichten" (1988), „Das Lachkind" (1991).
Anmerkung: Melodie „Geh aus mein Herz ..." von August H. Hader (1775-1813) dem Gedicht „Wandertag" vom Verfasser unterlegt.

[11] James Krüss: Das Räuber-Abc. Aus: Von Anfang bis Zebra. Abc-Gedichte mit vielen Bildern von Sabine Wilham. Hamburg: Carlsen 2011.
Zur Biografie: Siehe S. 40.
Gestattet sei mir, dem Herausgeber dieser Unterrichtshilfe, die (nostalgische) Schlussbemerkung, dass James Krüss (1926-1997) seinem Einladungsschreiben zu einem Geburtstagsfest auf Cran Canaria sein „Lebens-Abc", verfasst am 29. August 1987, beigelegt hatte. Zitat:

Mein Lebens-Abc

Auf der Insel Helgoland,
bei viel Wasser, Wind und Sand,
centimeterkurz (kein Held)
drang ich ein ins Licht der Welt,
erste Verse reimte ich
früh schon friesisch – meist für mich.
Gern fuhr ich auch kreuz und quer,
Hummer fangend, mit aufs Meer.
Insulaner war ich hier
jedenfalls mit viel Pläsier,
kam jedoch aufs Festland dann,
lernte fleißig Lehrersmann,
musste aber mit Gewehr
noch ein Jahr ins Kriegesheer.
Ohne Pass – der Krieg war aus –
pilgerte ich dann nach Haus,
querte Deutschland wochenlang,
radelnd auch und mit Gesang.
Später, statt als Lehrersmann,
trat ich dann als Dichter an.
Und was ich so schreib, gefällt
vielen Kindern auf der Welt.
Wie erfreulich und wie nett!
X,
Ypsilon,
Zett.

James Krüss

Gedichte | Name: ______________________ am: ___________

Ein Riese warf einen Stein

Ein Riese
warf einen Stein.
Gänge und viele Zimmer stürzten ein.
Hunderte brachen ein Bein.
Zwei Dutzend brachen das Genick.
Andere hatten Glück.
Der Stein
hatte wie eine Bombe eingeschlagen.
Zusammengebrochen
ist das Werk vieler Wochen.

Doch schon rennen Tausende herbei.
Tote werden weggetragen.
Man zieht, zerrt, schleppt Trümmer,
baut neu:
neue Gänge,
neue Zimmer.

Doch im Getümmel
hört man da und dort sagen:
„Solch ein Lümmel!"
Wer war der Verbrecher?
Wer?

Ein Junge.
Was dachte sich der?
Nicht viel.
Er warf nur zum Spiel
den Stein
auf den Ameisenhaufen.

Josef Guggenmos

1. Welche Botschaft will der Dichter mitteilen?
2. Diskutiert über diese Botschaft!
3. Bringt diese Botschaft in einem Gegengedicht
   und in einer neuen Zeichnung zum Ausdruck!

Gedichte	Name: ______________________	am: ____________

Für den Winterabend

Wenn der Mondmann geht ums Haus,
weht der Schnee bald leiser,
nur die rote Feuermaus
huscht noch durch die Reiser.
Leiser als die Spinne spinnt,
webt im Ofenloch der Wind
Träume schon für Vater,
Mutter, Kind und Kater.

Christine Busta

1. Lausche dem Ton der Klangschale!
2. Lausche dem Vortrag des Gedichtes!
3. Siehst du schöne Bilder? Hörst du schöne Musik?
4. Hast du auch – schöne Träume?

 Name: ______________________ am: ____________

Ein Gespräch

Das Schaf, es fragt den Bauern:
„Was machst denn du?“
Der sagt: „Na, schau doch zu!
Ich säe.“
Der Bauer fragt das Schaf:
„Und was machst du?“
Das sagt: „Na, hör doch zu!
Ich mähe.“

Paul Maar

Noch ein Gespräch

Die Kuh, sie fragt den Bauern:
„Was machst denn du?“
Der sagt: „Na, schau doch zu!
Ich ruhe.“
Der Bauer fragt die Kuh:
„Und was machst du?“
Die sagt: „Na, hör doch zu!
Ich muhe.“

Klasse 4 a
(nach Paul Maar)

1. Wir hören beim Vorlesen aufmerksam zu und reden darüber.
2. Wir sprechen beim Vortrag mit verteilten Rollen.
3. Wir spielen diese Gespräche als Sketche.
4. Auch wir erfinden ein neues Gespräch mit neuen Rollen.

Gedichte	Name: ______________________	am: __________

Der Zauberer Korinthe

1 Es lebte einst der Zauberer
Kori, Kora, Korinthe.
Der saß in einem Tintenfass
und zauberte mit Tinte.

2 Wenn jemand damit Briefe schrieb
und schmi und schma und schmollte,
dann schrieb er etwas anderes,
als was er schreiben wollte.

3 Einst schrieb der Kaiser Fortunat
mit Sie, mit Sa, mit Siegel:
„Der Kerl, der mich verspottet hat,
kommt hinter Schloss und Riegel!"

4 Doch hinterher las man im Brief,
vergni, vergna, vergnüglich:
„Der Kerl, der mich verspottet hat,
der dichtet ganz vorzüglich!"

5 Da schmunzelte der Zauberer
Kori, Kora, Korinthe
und schwamm durchs ganze Tintenfass
und trank ein bisschen Tinte.

6 Ein andres Mal schrieb Archibald,
der Di, der Da, der Dichter:
„Die Rosen haben hierzuland
so zärtliche Gesichter!"

7 Er hat von Ros- und Lilienhaar
geschri, geschra, geschrieben;
doch als das Liedlein fertig war,
erzählte es von - Rüben.

8 Da schmunzelte der Zauberer
Kori, Kora, Korinthe
und schwamm durchs ganze Tintenfass
und trank ein bisschen Tinte.

9 Heut schrieb der Kaufmann Steenebarg
aus Bri, aus Bra, aus Bremen
an seinen Sohn in Dänemark:
„Du solltest dich was schämen!"

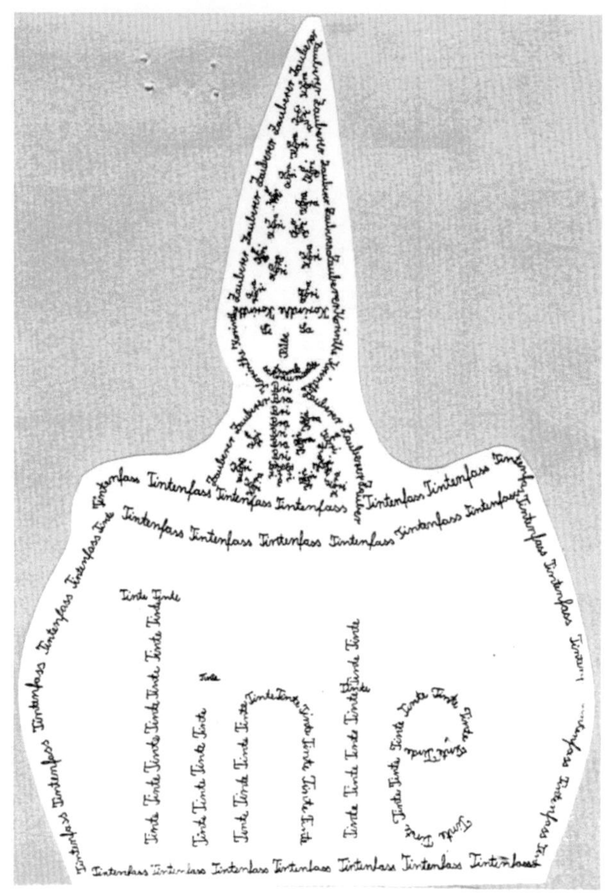

10 Doch als der Brief geschrieben war
mit Schwi, mit Schwa, mit Schwunge,
da stand im Brief: „Mein lieber Sohn,
du bist ein guter Junge!"

11 Da schmunzelte der Zauberer
Kori, Kora, Korinthe
und schwamm durchs ganze Tintenfass
und trank ein bisschen Tinte.

12 Und wer das Lied nicht glauben will
vom Schri, vom Schra, vom Schreiben,
der ist wahrscheinlich selber schuld
und lässt es eben bleiben!

James Krüss

1. Die Illustration stammt von einer 4. Grundschulklasse in Schweinfurt.
2. Gestaltet eine ähnliche Gedicht-Illustration!
3. Dieses Zauber-Lied könnt ihr vortragen, singen, rappen und inszenieren.

Gedichte | Name: ______________________ am: __________

Der Zauberer Korinthe (James Krüss)

Es lebte einst der Zauberer Kori, Kora, Korinthe. Der saß in einem Tintenfass und zauberte mit Tinte. Wenn jemand damit Briefe schrieb und schmi und schma und schmollte, dann schrieb er etwas anderes, als was er schreiben wollte. Einst schrieb der Kaiser Fortunat mit Sie, mit Sa, mit Siegel: „Der Kerl, der mich verspottet hat, kommt hinter Schloss und Riegel!" Doch hinterher las man im Brief, vergni, vergna, vergnüglich: „Der Kerl, der mich verspottet hat, der dichtet ganz vorzüglich!" Da schmunzelte der Zauberer Kori, Kora, Korinthe und schwamm durchs ganze Tintenfass und trank ein bisschen Tinte. Ein andres Mal schrieb Archibald, der Di, der Da, der Dichter: „Die Rosen haben hierzuland so zärtliche Gesichter!" Er hat von Ros- und Lilienhaar geschri, geschra, geschrieben; doch als das Liedlein fertig war, erzählte es von - Rüben. Da schmunzelte der Zauberer Kori, Kora, Korinthe und schwamm durchs ganze Tintenfass und trank ein bisschen Tinte.Heut schrieb der Kaufmann Steenebarg aus Bri, aus Bra, aus Bremen an seinen Sohn in Dänemark: „Du solltest dich was schämen!" Doch als der Brief geschrieben war mit Schwi, mit Schwa, mit Schwunge, da stand im Brief: „Mein lieber Sohn, du bist ein guter Junge!" Da schmunzelte der Zauberer Kori, Kora, Korinthe und schwamm durchs ganze Tintenfass und trank ein bisschen Tinte. Und wer das Lied nicht glauben will vom Schri, vom Schra, vom Schreiben, der ist wahrscheinlich selber schuld und lässt es eben bleiben!

1. Lies bitte diesen Text-Block aufmerksam durch!
2. Kannst du diesen Block in eine andere Form bringen?
3. Welches Wissen über Gedichte hilft dir dabei?
4. Schreibe hier deine Lieblingsstrophe auf, die übrigen Strophen extra auf ein Blatt!

____

____

____

____

Gedichte	Name: ______________________	am: ____________

Gefunden

Hier kannst du ein Bild deiner Lieblingsblume(n) aufkleben.

Ich ging im Walde
so für mich hin,
und nichts zu suchen,
das war mein Sinn.

Im Schatten sah ich
ein Blümchen stehn,
wie Sterne leuchtend,
wie Äuglein schön.

Ich wollt es brechen,
da sagt' es fein:
„Soll ich zum Welken
gebrochen sein?"

Ich grub's mit allen
den Würzlein aus,
zum Garten trug ich's
am hübschen Haus.

Und pflanzt' es wieder
am stillen Ort;
nun zweigt es immer
und blüht so fort.

Johann Wolfgang von Goethe

„Gefunden" Text: J. W. v. Goethe / Melodie: volkstümliche Weise
Satz: G, Wirsching / K. Aichele

Gedichte	Name: ______________________________ am: ______________

Wandertag

Der Sommer ruft uns aus dem Haus,
die Amsel will uns wecken.
So wandern wir zur Stadt hinaus
ins Feld durch grüne Hecken.

Wir sitzen unterm Schattenstrauch
und essen Butterbrote,
und süße Beeren gibt es auch,
ganz dicke, reife, rote.

Wir laufen durch den Regenwald.
Was kümmert uns das Wetter?
Die Sonne scheint schon wieder bald,
dann funkeln Gras und Blätter.

Die Sonne brennt, der Tag ist heiß,
am Weg die Grillen geigen.
Ein großer Vogel zieht den Kreis
und weiße Wolken steigen.

Da grollt ein Donner ferne her
und Staub fliegt von den Wegen,
die Wolken ziehen schwarz und schwer,
bald fällt ein warmer Regen.

So wandern wir zur Stadt zurück,
wenn schon die Sterne kommen,
und haben lauter Sommerglück
nach Hause mitgenommen.

Ursula Wölfel

Wandertag

M.: August H. Harder (1775-1813)
Text: Ursula Wölfel

Gedichte | Name: ______________________ am: ____________

Das Räuber-Abc

Als
Bauer
Christoff
Düwels-
Eck
fünf
Gulden
hatte
im
Jackett,
kam
leider
mit
ner
ollen
Pistol
Quintilius
Räuberrabenstätt,
stahl
Taler
und
Verschied'nes
weg,
X
Y
Z!

James Krüss

1. Lest bitte dieses Räuber-Abc und sprecht darüber!
2. Wie hat James Krüss dieses Räuber-Abc aufgebaut?
3. Malt die Anfangsbuchstaben jeder Zeile bunt aus!
4. Schreibt mit Buntstiften die großen und kleinen Buchstaben des Abc rechts daneben – und die Um- und Doppellaute!
5. Könntet ihr auch so eine Abc-Geschichte erfinden? – Probiert es!

Literaturverzeichnis

1. Primärliteratur
Die Quellen der Gedichte und Lieder sind als Fußnoten zu den jeweiligen Interpretationen verzeichnet.

2. Sekundärliteratur

Baumbusch, Elke / Laub, Hansjörg: Gedichte 2.-4. Schuljahr. Berlin 2011.

Bettelheim, Bruno: Kinder brauchen Märchen. Stuttgart 1977.

Bettelheim, Bruno: Kinder brauchen Bücher. Stuttgart 1982.

Brecht, Bertolt: Über Lyrik. Berlin 1969.

Franz, Kurt / Gärtner, Hans (Hrsg.): Kinderlyrik zwischen Tradition und Moderne. Baltmannsweiler 1996.

Franz, Kurt / Payrhuber, Franz-Josef (Hrsg.): „Und dann und wann ein weißer Elefant …“. Alles Lyrik-historisch, didaktisch, medial. Baltmannsweiler 2012.

Gelberg, Hans-Joachim (Hrsg.): ALLER DINGS. Versuch, 25 Jahre einzuwickeln. Weinheim / Basel 1996.

Keller, Martin: Gedicht-Werkstatt. Bern 1996.

Schulz, Gudrun: James Krüss' Erzählungen, Bilderbücher, Gedichte in Grundschule, Sekundarstufe I und in der Vorschule. Baltmannsweiler 2008.

Schulz, Gudrun: Umgang mit Gedichten. Berlin, 6. Aufl. 2009.

Watzke, Oswald (Hrsg.): Gedichte in der Grundschule. Bd. 1: 1. und 2. Klasse. Friedberg 2017.

Watzke, Oswald (Hrsg.): Gedichte für die 5. und 6. Klasse. Donauwörth, 2. Aufl. 2012.

Weber, Nicole: Gedichte-Werkstatt. Buxtehude, 6. Aufl. 2010.

Werner, Karen: Gedichte schreiben – aber wie? Klasse 2 bis 4 mit CD. Donauwörth, 2010.

Wild, Edmund: 66-mal selber dichten. Buxtehude, 2. Aufl. 2008.

Wittstruck, Wilfried (Hrsg.): Weil Lachen fröhlich macht. Das Gedichte-Schnupperbuch. Gedichte für neugierige Kinder. Köln 2011.

Übersicht: Arten des Gedichtumgangs

Die einzelnen Arten, die Konkretisierungen der „Werkstatt-Methode“, lassen sich in die folgenden sieben Handlungsfelder gliedern:

1. Das Reden und das Sichaussprechen über Kindergedichte, z.B. durch

- spontane Äußerungen und Reaktionen unmittelbar nach der Textbegegnung,
- die freie Aussprache darüber, was die Kinder beim Hören, Lesen oder Sprechen des Gedichtes denken, fühlen, meinen, wollen, was sie mit allen Sinnen (sehen, hören, riechen, schmecken) erfassen, wie sie den Sinn selbst deuten und verstehen,
- das Gewähren von Zeit (und Muße) für das Betrachten des Druck- oder Schriftbildes (mit Illustration), für das Nachdenken über die Überschrift, die Reime, Verse und Strophen, über Inhalt und Grundstimmung, über die Dichterin und den Dichter (das „lyrische Ich“),
- das Austauschen der Gedanken, Gefühle, Meinungen und der Vorschläge für die Auswahl von Kindergedichten und für den Umgang mit ihnen,
- das geleitete (gelenkte) Unterrichtsgespräch mittels Impulsen, Leitfragen und Aufträgen über Inhalt und Form,
- das Vermeiden des „Zerredens“ und „Zerklärens“ zugunsten des Erlebens der Funktion von „Klang, Reim und Rhythmus der Kinderlyrik“.

2. Das lesende und sprecherische Gestalten und Interpretieren lyrischer Texte, z.B. durch

- das sinn- und klanggestaltende Lesen, Vor-, Mit-, Nach- und Rollenlesen,
- das sinnsuchende Erlesen, Nach- und Beleglesen („Zitieren“),
- das stimmige Sprechen, Vor-, Mit-, Nach-, Monolog-, Dialog- und Chorsprechen,

- das Variieren der Lese-, Sprech- und Vortragsstimme nach Lautstärke, Tonhöhe, Tempo und Stimmungslage (traurig – fröhlich, böse – gütig, wütend – freundlich ...),
- das mimische, gestische und szenische Lesen und Sprechen (im Gehen, Stehen, Handeln; beim Vortrag; im Lese-, Rollen- und Theaterspiel),
- das Hören, Zuhören und Lauschen bei fremden Gedichtvorträgen (ob auswendig oder ablesend gehalten) und im Wechsel zu eigenen Sprechgestaltungsversuchen,
- das Aufnehmen (CD, Kassette, Handy ...) der Ergebnisse der sprechgestaltenden Interpretationen.

3. Das kalligrafische Schreiben, z.B. durch

- Hand-, Druck- oder Kunstschrift, in denen Lieblings- und Eigengedichte aufgeschrieben werden,
- das Verwenden von verschiedenen Unterlagen und Schreibgeräten (Gedichtblatt, -heft, -mappe, -buch; Plakat, Brett, Stein, Tuch; Buntstifte, Federkiel ...),
- das Beschriften von Geschenken und Erinnerungsstücken (Schmuckblatt, -schachtel, Brief, Leporello, Poesiealbum, Tagebuch, Einladungen),
- das ideogrammatische Schreiben (Variationen der Buchstaben und Wörter in Größe, Dicke, Farbe und Form entsprechend ihrer semantischen Inhalte),
- das Herstellen eines persönlichen Gedichtheftes und/oder eines klasseneigenen Gedichtbuches (mit Illustrationen) in der Schreibwerkstatt,
- Ausstellungen der Produkte („Gedichte-Kiste“, Lese-Ecke, „Gedichte-Wand“, Bücherei, Internet ...).

4. Das bildkünstlerische Gestalten und Deuten, z.B. durch

- das Illustrieren eines Gedichtes (durch Zeichnen oder Malen zu einem Schlüsselwort, einem Vers, einer Strophe, zum Höhepunkt),
- das Collagieren (das Aussuchen und Aufkleben von Bildern und Fotos, die das Thema beinhalten; das Entwerfen eigener Computerbilder),
- das Verwenden von bestimmten Farben für unterschiedliche Grundstimmungen (Buntpapier, usw.),
- das Basteln zu Gedichten (zu Personen, Tieren, Gegenständen), von Spielfiguren (für Inszenierungen),
- Ausstellungen der kalligrafischen und bildkünstlerischen Produkte der Grundschulkinder.

5. Das pantomimische und szenische Gestalten und Interpretieren, z.B. durch

- das stumme Darstellen der Personen, Tiere, Dinge; des Handlungsverlaufs, des Geschehens, der Stimmung, der Gefühle,
- das Inszenieren der Sprache, des Geschehens und der Stimmung (als Rollen-, Lesespiel, Sketch, Theaterszene),
- das Umsetzen lyrischer Texte als Finger-, Handpuppen-, Stabpuppen-, Schatten- oder Personenspiel (mit oder ohne Kostüme und Requisiten),
- das Verfilmen der pantomimischen, szenischen und musikalischen Spieldarbietungen, der gesamten Performance,
- öffentliche Aufführungen der pantomimischen, szenischen und musikalischen Produkte.

6. Das musikalische Gestalten und Interpretieren der Gedichte, z.B. durch

- das Sprechen und Vortragen (auch auswendig), begleitet von stimmiger Hintergrundmusik, von Körper-, Orff- oder anderen Musikinstrumenten, evtl. auch von einem Harmonium oder Leierkasten,
- das Rhythmisieren mittels Hölzern, Trommeln und anderen Rhythmusinstrumenten,
- das Summen zum Text, einen Sprechgesang (als Rap), das Singen einer spontanen Melodie, evtl. mit Gitarrenbegleitung,
- das Vertonen und Singen (als Solo, im Duett oder Chor und im Wechsel) einer vorgegebenen, ausgewählten oder selbst erfundenen Melodie (Kindergedichte als Kinderlieder),
- die Aufnahme der musikalischen Gedichtinterpretationen und –vorträge (auf CD, Kassette, Handy, Internet).

7. Das sprachlich-literarische Verfassen von lyrischen Texten, z.B. durch

- das Spielen mit und Erfinden von Wörtern, Reimen, Versen, Strophen (auf Wortkärtchen, Textblättern usw.),
- das Montieren und Entflechten von Versen, Strophen (auf Streifen, in Briefchen, Dosen usw.),
- das Umformen und Verändern eines lyrischen Textes durch Kürzen, Erweitern, Austauschen, ein Ich-Gedicht in ein Wir-Gedicht (und umgekehrt) verwandeln,
- das Entwerfen einfacher Formen der konkreten Poesie (Piktogramm, Ideogramm, Konstellation),
- das Verfassen eines Parallel- und/oder Gegengedichtes, eines Kleinstgedichtes (Elfchen, Haiku, Akrostichon, Rondelet),
- das Verfassen von „Eigengedichten“, die auch reimlos und freirhythmisch sein können, nach dem Motto: „Die Kinder dürfen ‚eigene Gedichte schreiben‘ und dürfen (und sollen auch) ‚selber dichten‘!“

Inhaltsverzeichnis: Gedichte in der Grundschule. Band 1.

1. Gedichte rund ums Jahr für die 1. Klasse

2. Gedichte rund ums Jahr für die 2. Klasse